Carl-Auer

Christa Hubrig/Peter Herrmann

Einführung in die systemische Schulpädagogik

2012

Umschlaggestaltung: Uwe Göbel
Satz: Verlagsservice Hegele, Heiligkreuzsteinach
Printed in Germany
Druck und Bindung: Freiburger Graphische Betriebe, www.fgb.de

Erste Auflage, 2012
ISBN 978-3-89670-863-2
© 2012 Carl-Auer-Systeme Verlag
und Verlagsbuchhandlung GmbH, Heidelberg
Alle Rechte vorbehalten

Bibliografische Information der Deutschen Nationalbibliothek:
Die Deutsche Nationalbibliothek verzeichnet diese Publikation
in der Deutschen Nationalbibliografie; detaillierte bibliografische
Daten sind im Internet über http://dnb.ddb.de abrufbar.

Informationen zu unserem gesamten Programm, unseren Autoren
und zum Verlag finden Sie unter: www.carl-auer.de.

Wenn Sie Interesse an unseren monatlichen Nachrichten
aus der Vangerowstraße haben, können Sie unter
http://www.carl-auer.de/newsletter den Newsletter abonnieren.

Carl-Auer Verlag GmbH
Vangerowstraße 14
69115 Heidelberg
Tel. 0 62 21-64 38 0
Fax 0 62 21-64 38 22
info@carl-auer.de

Inhalt

Einführung

Der systemische Ansatz, der Denken und Verhalten von Individuen in den Rahmen ihrer sozialen Systeme stellt, ist ein elaboriertes Vorgehen. Er hat sich in Organisationsentwicklung, Supervision und Coaching, Beratung und Therapie bewährt. Im Schulsystem und in der pädagogischen Praxis beginnt man erst in jüngster Zeit, sich damit auseinanderzusetzen.

Lehren und Lernen in der Schule ist ein in komplexen Wechselwirkungen verlaufendes Geschehen, dessen neuronale Grundlagen inzwischen erforscht werden und zum Teil bekannt sind. Der Extrakt der interdisziplinären Forschung zur Pädagogik lautet: Lehren und Lernen gelingt am besten, wenn es im Rahmen kooperativer Beziehungen ressourcen- und lösungsorientiert geschieht.

Die Theorie mag Lehrern einleuchten, sie umzusetzen jedoch gelingt in der Schulrealität noch zu wenig, wie die empirische Schulforschung zeigt. Den Ursachen nachzugehen ist ein Thema des Buches; Bedingungen für das Gelingen von Schulpädagogik und erprobte Fortbildungskonzepte zu beschreiben ist sein Hauptziel.

Der Aufbau des Buches

Das *erste Kapitel* geht von betriebswirtschaftlichen Standards aus, die auch für das Schulsystem, den größten Dienstleistungsbereich in der Volkswirtschaft, gelten. Die Schulforschung gibt Auskunft, inwieweit die Umsetzung der Standards gelingt. Studien zur »Beziehung von Eltern und Bildungseinrichtungen«, zur Lehrer-Schüler-Beziehung und zum »Engagement und Disengagement von Schulleitern, Lehrern und Schülern« liefern die empirischen Daten.

Im *zweiten Kapitel* wird ressourcen- und lösungsorientiertes Handeln aus der konstruktivistischen Erkenntnistheorie und den dynamischen Systemtheorien abgeleitet. Die Konzepte ermöglichen ein systemisches Verständnis der Organisation Schule, aus dem sich Prinzipien für eine gelungene Organisation ergeben. Mit Blick auf den einzelnen Lehrer werden – auch durch Beispiele –

Handlungsstrategien in Unterricht und Beratung dargestellt. Eine systemtheoretische Analyse von Alltagskonflikten in der Schule zeigt Möglichkeiten für ihre Lösung auf. Relativ einfach umsetzbare Regeln für zieldienliches Kommunizieren von Lehrpersonen schließen das Kapitel ab.

Das *dritte Kapitel* widmet sich dem Beitrag der Hirnforschung zur Pädagogik. Neurobiologische Fakten sind objektive Vorgaben für den Lehrer: Demnach werden fachliches und soziales Lernen am besten durch emotional positive Erfahrungen in der Schule ermöglicht. Hierfür sind unterstützende Erziehungskontexte für Kinder und Jugendliche unabdingbar. Fehlen sie in ihrer Entwicklung, hat das schwerwiegende Folgen für ihren Schulerfolg. Die Erziehenden selbst stehen in der Tradition von zwei sehr unterschiedlichen Erziehungspraktiken in unserer Kultur, die sie weitergeben. Die Schlussfolgerungen, die sich aus der systemtheoretischen und neurobiologischen Analyse von Lehr-Lern-Prozessen für die Schulpädagogik ergeben, schließen das Kapitel ab.

Das *vierte Kapitel* hat »systemisch-lösungsorientierte Fortbildungen« zum Thema. Wir stellen Leitlinien für die pädagogische Kommunikation sowie Didaktik und Inhalte unserer Weiterbildungen für Lehrer, Schulleiter und Fachleiter dar. Schließlich werden die Faktoren, welche bei der Einführung von systemischen Projekten in eine Schule zu berücksichtigen sind, beschrieben. Aus der Evaluation unserer Fortbildungen ergibt sich: Systemische Schulpädagogik reduziert den Alltagsstress von Lehrern nachhaltig und erhöht die Wahrscheinlichkeit von Lehr-Lern-Erfolgen.

Das *fünfte Kapitel* bringt einen Ausblick auf Erfordernisse einer nachhaltigen Schulpolitik.

(Hinsichtlich der Lesbarkeit des Textes wurde in der Regel das maskuline grammatische Geschlecht [lat. *homo* = »der Mensch«] gewählt.)

Zum Manuskript

Gesamtkonzeption, Gliederung und Text – mit Ausnahme der Abschnitte »Die Organisation Schule« (2.3) und »Systemisch-lösungsorientierte Weiterbildung von Schulleitern« (4.2), die Peter Herrmann geschrieben hat – wurden von Christa Hubrig erstellt.

1 Ergebnisse der empirischen Schulforschung in Deutschland

Das Bildungssystem ist der größte Dienstleistungsbereich in einer modernen Gesellschaft. Mit seinem »Produkt« (junge Menschen mit Wissens- und Verhaltenskompetenzen und entsprechenden Zertifikaten) erbringt es Leistungen, die für alle Unternehmungen der Volkswirtschaft unabdingbare Voraussetzung sind. Das allgemeine Ziel im Gesamt der produzierenden »Lernstätten« des Schulsystems ist zum einen, die kulturellen Qualifikationen, welche die Gesellschaft und Wirtschaft braucht, an die nächste Generation weiterzugeben, zum anderen und Eigentlichen, jedem Menschen ein selbstbestimmtes, menschenwürdiges Leben zu ermöglichen.

In der Ökonomie geht es um die *effiziente* Organisation von Produktionsprozessen. »Effizienz« ist zwar ein Unwort im pädagogischen Bereich, dennoch geht es auch hier um den optimalen Einsatz der »Ressourcen« (Kompetenzen von Schulleitern, Lehrern, Schülern und Eltern) bei der Organisation von Lernprozessen. Die empirische Schulforschung gibt Aufschluss darüber, welche Variablen für das Ergebnis entscheidend sind.

1.1 Zusammenarbeit von Eltern und Bildungseinrichtungen

Das Institut für Demoskopie Allensbach hat die Studie *Zwischen Ehrgeiz und Überforderung – Bildungsambitionen und Erziehungsziele von Eltern in Deutschland* (2011) durchgeführt, welche die Vodafone-Stiftung Deutschland herausgegeben hat. Der Bildungsforscher Klaus Hurrelmann nimmt darin zu den Ergebnissen Stellung. Die Studie mache

> »mit großem Nachdruck darauf aufmerksam, dass Eltern eine Schlüsselrolle im Bildungsprozess und damit auch in der Bildungspolitik einnehmen. Die wichtigste Schlussfolgerung [...] ist deshalb, Eltern viel besser als vorher vorzubereiten und sie darin zu unterstützen, eine Kooperation mit den öffentlichen Erziehungseinrich-

Wie erreichen wir alle Eltern?

tungen im Sinne einer Erziehungspartnerschaft einzugehen. Diese Unterstützung muss alle Eltern erreichen, auch die bisher zurückhaltenden und zögerlichen« (ebd., S. 28).

Bildungsziele der Eltern

Die meisten Eltern aus allen Bevölkerungsschichten haben das gleiche Ziel:

»Sie wollen, dass ihre Kinder in Leistungsfähigkeit, sozialer Verantwortlichkeit und Selbstständigkeit gestärkt werden« (ebd., S. 29).

Doch die Befragung zeigt, dass der Bildungshintergrund der Eltern in hohem Maße die Schulkarriere der Kinder bestimmt: Über 90 % der Eltern aus höheren Schichten streben das Abitur für ihre Kinder an, während dies nur etwa 40 % der Eltern mit geringerem Bildungshintergrund tun. Tatsächlich besuchen knapp 80 % der Kinder von Eltern mit höherer Schulbildung und nur jedes dritte Kind aus »bildungsfernen« Familien das Gymnasium. Die Hälfte der Eltern aus sozial schwächeren Schichten wünscht sich mehr staatliche Unterstützung bei der Kinderbetreuung und -erziehung (ebd., S. 13). Besonders stark ist der Wunsch nach mehr staatlicher Hilfe bei türkischstämmigen Eltern (59 %). Der gleiche Anteil von ihnen zweifelt an der Chancengleichheit ihrer Kinder.

Die Leistungsanforderungen in der Schule sollten jedoch nicht verringert werden. Die meisten Eltern wünschen sich »strenge Lehrer«, die Disziplin und Ordnung im Unterricht herstellen. Nur 22 % aller befragten Eltern sind für eine nachträgliche Herabsetzung der Leistungskriterien, wenn viele Schüler das Abitur nicht bestehen.

Unterschiedliche Bildungskonzeptionen in Europa

Hurrelmann macht für die Schichtabhängigkeit des Schulerfolgs in Deutschland die *Sozial- und Bildungspolitik* der letzten Jahrzehnte verantwortlich, die sich von der in anderen europäischen Ländern unterscheidet. Die Bildungspolitik in Deutschland habe sich bislang an einem konservativen Familienbild orientiert, wonach die *Eltern* vornehmlich für die Erziehung ihres Kindes und seine Schullaufbahn verantwortlich sind. Aufgrund der Erfahrungen im Nationalsozialismus ist das Eingreifen des Staates in die

Familie verpönt, mit der Konsequenz, dass die Kinder in Deutschland sozusagen »auf Gedeih und Verderb« auf ihre Eltern angewiesen seien.

Bei der Sozial- und Bildungspolitik in Deutschland wird erheblich mehr in die *soziale Sicherung* der Familie als in die *Bildung der Kinder* investiert, während es im skandinavischen Modell sowohl um den *Statuserwerb* durch Bildung als auch um die *Statussicherung* durch Sozialleistungen geht. In der marktorientierten angelsächsischen Tradition sichert der Staat den Bürgern eine *gute Ausgangsposition*, den weiteren Lebensweg muss der Erwachsene am »Markt« selbst gestalten (Hurrelmann 2011, S. 29).

Das hat zu unterschiedlichen Konsequenzen geführt: In den skandinavischen Staaten und in Großbritannien besucht ein sehr viel höherer Anteil der Kinder als in Deutschland vorschulische Einrichtungen. Ein besonderes Merkmal des deutschen Bildungssystems ist das sehr frühe Tracking, das heißt die Aufteilung der Schüler auf unterschiedliche Schulformen. Das geschieht in der Regel mit zehn Jahren, während in den anderen europäischen Ländern die Schüler erst mit 14 oder 16 Jahren unterschiedlichen Schulformen zugewiesen werden. In Deutschland gehe man davon aus, dass mit Abschluss der Grundschulzeit die Leistungskapazität eines Kindes voll entfaltet sei. Durch diesen Ansatz gelinge es dem deutschen Schulsystem viel weniger, wie der internationale Vergleich zeige, fehlende Bildungsimpulse im Elternhaus auszugleichen.

Die föderale Bildungs- und Schulpolitik in Deutschland hat auf diese Befunde in jüngster Zeit mit strukturellen Reformen reagiert.

Notwendige Maßnahmen der Bildungspolitik

Die Studie *Zwischen Ehrgeiz und Überforderung* macht deutlich,

> »dass alle Eltern für eine Hilfe und Unterstützung offen sind und gerade die sozial benachteiligten Eltern keinen Hehl daraus machen, von den komplexen Bildungsanforderungen an ihre Kinder überfordert zu sein« (S. 31).

Hurrelmann schlägt als dringliche Maßnahme vor, die Bildungsreformen stärker als bisher mit Elterntrainings zu begleiten:

»Wenn Eltern laut Grundgesetz eine Schlüsselposition eingeräumt wird, dann müssen sie auch in die Lage versetzt werden, sie kompetent auszufüllen« (S. 31).

Die vom Kinderhilfswerk World Vision geförderte 2. Kinderstudie (2010) zeigt, welche Wünsche die Kinder selbst für die Gestaltung ihrer Lebenswelt haben. Kinder aus sozial schwachen Familien sind in der Freizeit oft sich selbst überlassen und sitzen vor dem Fernseher oder Computer. Doch alle Kinder wünschen sich die Aufmerksamkeit ihrer Eltern. Sie empfinden den Freiraum »nicht als positive Freiheit, sondern als Vernachlässigung« (S. 32).

Das notwendige Angebot zur Elternbildung sollte in die Kindergärten, Grundschulen und weiterführenden Schulen direkt einbezogen sein und von den Erzieherinnen und Pädagoginnen dort vermittelt werden. Wenn die Trainingskurse automatisch an die Anmeldung des Kindes in der Institution geknüpft würden, »werden sie zur verbindlichen Gewohnheit, ohne im rechtlichen Sinn verpflichtend zu sein« (ebd.). Wenn Kindergärten und Schulen diese Aufgabe übernehmen, dann benötigen sie dazu Mitarbeiter, welche die Elternarbeit kompetent leisten können. Es müssten also auch Kommunikations- und Beratungstrainings für Pädagogen stattfinden, damit sie »mit Eltern aus der Unterschicht und/ oder mit Migrationsgeschichte als ›Erziehungspartner‹ kooperieren können«.

Chancengerechtigkeit – Nachholbedarf in allen Bundesländern

Der von der Bertelsmann-Stiftung und dem IFS (2012) erstellte Chancenspiegel bewertet

»die Gerechtigkeit und Leistungsfähigkeit der Schulsysteme in vier Dimensionen: Integrationskraft, Durchlässigkeit, Kompetenzförderung und Zertifikatsvergabe. An ihnen kann man ablesen, wie integrativ Schulsysteme sind, ob sie soziale Nachteile wettmachen, Klassenwiederholungen und Schulabstiege vermeiden, welche Lesekompetenzen sie vermitteln, wie viele Schüler sie zur Hochschulreife führen oder wie erfolgreich insbesondere Schulabgänger ohne oder nur mit Hauptschulabschluss sind, einen Ausbildungsplatz zu finden«.

IFS-Direktor Wilfrid Bos betont, dass ausnahmslos alle Bundesländer Entwicklungsbedarf haben. Das Ausmaß der Unterschiede verdeutlichen einige Beispiele (Chancenspiegel, Pressemeldung vom 11.3.2012):

>»In Sachsen besuchen drei von vier Schülern eine Ganztagsschule, in Bayern nicht einmal jeder zehnte […]. Ein regionales Gefälle zeigt sich auch im Zusammenhang zwischen sozialer Herkunft und Lesekompetenz, der in Bremen fast doppelt so hoch ist wie in Brandenburg […]. In Sachsen etwa ist das Schulsystem vergleichsweise durchlässig: Die Chancen für Kinder aus unteren Sozialschichten auf einen Gymnasialbesuch sind relativ gut, nur wenige Schüler bleiben sitzen. Sachsen überzeugt […] auch bei der Kompetenzförderung. Sowohl die leistungsstärksten als auch die leistungsschwächsten Schüler gehören deutschlandweit zu den besten ihrer Vergleichsgruppe.«

Jörg Dräger, Projektleiter der Bertelsmann-Stiftung, fasst zusammen (ebd.):

>»Leistung und Gerechtigkeit sind im Bildungssystem kein Widerspruch – und dürfen es auch nicht sein. Gute Bildungspolitik strebt beide Ziele gleichermaßen an.«

1.2 Positives und negatives Lehrerverhalten aus Schülersicht

Über Schülergewalt wird in den Medien ausführlich berichtet, während das Thema »Lehrergewalt« lange Zeit tabu war. Das hat sich inzwischen geändert.

Durchführung und Ergebnisse der Studien

An der Technischen Universität München wurde unter der Leitung des Erziehungswissenschaftlers Edgar Schmitz die Studie *Positives und negatives Lehrerverhalten aus Schülersicht* (Schmitz, Voreck, Herrmann u. Rutzinger 2006) durchgeführt, und zwar im Hinblick darauf, ob es Motivation und Lernen der Schüler fördert oder hemmt (S. 7 f.). Um die Validität der Ergebnisse aufzuzeigen, stellen wir das Forschungsdesign der Studie hier dar.

In drei Voruntersuchungen wurden die Merkmale positiven bzw. negativen Lehrerverhaltens aus Schülersicht ermittelt. In der ersten Hauptuntersuchung wurden 300 ehemalige Schüler (21–25 Jahre alt mit verschiedenen Schulabschlüssen) aufgefordert:

>Denken Sie bitte an Ihre Schulzeit zurück. Sie erinnern sich bestimmt an Lehrerinnen und Lehrer, bei denen der Unterricht Spaß bzw. keinen Spaß gemacht hat. Versuchen Sie, sich die Situation lebhaft vorzustellen. Bewerten Sie bitte folgende Aussagen anhand eines konkreten bzw. negativen Lehrerbeispiels. Wie hat sich diese/r Lehrerin/Lehrer verhalten? Diese/r Lehrerin/Lehrer ist mir positiv/ negativ in Erinnerung, weil er/sie Schüler/innen [...]«.

Es folgen jeweils 28 positive bzw. negative Items, deren Einschätzung auf einer Ratingskala anzukreuzen war.

Der Fragebogen der zweiten Hauptuntersuchung hatte die Zielsetzung, den »guten«, angenehmen und sympathischen Lehrer und den »schlechten«, unangenehmen und unsympathischen Lehrer anhand typischer Merkmale zu kennzeichnen. 450 Personen sehr unterschiedlichen Alters wurden dazu befragt. »Gerechtigkeit«, »Humor«, »guter Unterricht« und »Unterstützung« wurden als positives Lehrerverhalten herausgestellt.

In der dritten Hauptuntersuchung mit 412 Schülern in beruflichen Schulen – zuzüglich einer Kontrollgruppe von 100 Lehramtsstudierenden – wurde neben dem Fragebogen eine offene Befragungsmethode angewandt. Die Schüler bzw. Studierenden wurden aufgefordert, eigene und beobachtete Verhaltensepisoden zu beschreiben.

Die Ergebnisse zu positivem und negativem Lehrerverhalten
Mehr als ein Drittel der Befragten berichten, dass sie positives Feedback und Unterstützung von Lehrern erhalten haben und von ihnen motiviert wurden, etwa 6 % haben keinerlei positive Erfahrungen mit ihren Lehrern gemacht (S. 6).

Negatives Lehrerverhalten reicht von fehlender Verstärkung, negativer Kritik, Erniedrigung, Drohung, Sarkasmus, unfairer Benotung bis hin zu physischer Gewalt. 12 % der Schüler und 18 % der Lehramtsstudenten berichten von erlebter physischer Gewalt, 31 % der Schüler und 46 % der Studenten haben schwere verbale Aggression erfahren, nur 1,5 % haben keinerlei negative Behandlung erfahren (S. 6). Sehr viele Schüler fühlen sich ungerecht benotet.

Die Wiener Studien

Zwischen 1997 und 2003 hat der Erziehungswissenschaftler Volker Krumm die Formen von Gewalt, die von Lehrern ausgeht, untersucht. Dazu wurden etwa 3000 Studenten in Deutschland, Österreich und der Schweiz nach den »Kränkungen« durch Lehrer während ihrer Schulzeit befragt. Diese Studien ergänzen die Untersuchungen an der TU München, weil hier ausschließlich ehemalige Abiturienten befragt wurden. Seine Ergebnisse hat Krumm mit verschiedenen Themenstellungen veröffentlicht.

In der deutschen Stichprobe mit 1321 Befragten berichteten 176 Studenten, ungerecht beurteilt, beleidigt, bloßgestellt, angeschrien, beschimpft, verspottet, geschlagen worden zu sein. Davon reagierten knapp 90 % mit Zorn und Wut, 50 % mit Aggressionen, über 70 % wurde das Fach zuwider, zwei Drittel fühlten sich unsicher, entmutigt und hatten Angst vor den Stunden dieser Lehrkraft (Krumm 2003). Die Gültigkeit der Befunde konnte in einer Befragung von Lehrern und Eltern bestätigt werden.

In dem Artikel *Du wirst das Abitur nie bestehen* (Krumm u. Weiß 2001) beschreiben die Forscher die Art und Weise, wie Lehrer ihren Schülern »Unfähigkeit« attestieren. Konkret waren das Formulierungen wie »Du bist (oder: Sie sind) dumm«, »unfähig«, »idiotisch«, »hirnverbrannt«, »Du kannst nicht denken«. Oft wird dabei das Fach erwähnt, für das Einzelne, »die meisten« oder »die Mädchen« »zu blöd«, »total unbegabt« seien. Krumm resümiert:

> »Erklärt ein Lehrer einen Schüler als *dumm, unfähig, unintelligent, unbegabt,* sagt er ihm, er *gehöre nicht an diese Schule,* oder prognostiziert er, dass er das Schulziel nicht erreichen wird, dann spricht er ihm die Existenzberechtigung an der Schule ab. Ein schlimmeres Einzelurteil kann es für einen Schüler [...] kaum geben, das erklärt die heftigen Emotionen, die die geschilderten Attributionen auslösen, und erklärt auch, dass die Kränkungen [...] 75 % der Studenten heute noch beschäftigen.« (S. 246 f.; Hervorh. im Orig.)

Theorien zur Erklärung von negativem Lehrerverhalten
Empirische Forschung sucht ihre Ergebnisse mit Theorien zu erklären. Die Münchner Forscher haben dazu die »Frustrations-Aggressions-Hypothese« (Frustrationen lösen automatisch aggressive Impulse aus) und das Konzept der »instrumentellen Gewalt« (aggressives Verhalten dient der Erreichung eines bestimmten Ziels) herangezogen. Da aggressives Verhalten auch häufig von Schülern ausgeht, sprechen die Forscher auch von der »Provokations-Aggressions-Hypothese« (Schmitz et al. S. 84 ff.).

Das Kernproblem nach Meinung der Münchner Forscher ist: Warum handeln unter gleichen Umgebungsbedingungen die einen Lehrer aggressiv, die anderen nicht?

Persönlichkeitsbezogene Konzepte können negatives Lehrerverhalten erklären.

a) *Aggression aus Machtstreben*: Der Lehrer ist überzeugt, dass er von Amts wegen in erster Linie Disziplin, Ordnung und Ruhe herstellen muss und dass alle Mittel dafür legitim sind (ebd., S. 92 ff.).

b) *Leistungsmotiv und Leistungsangst*: Als Lehrer möchte man mit Schülern Lernerfolge erleben. Misserfolge sind unvermeidlich, man kann sie entweder auf sich selbst zurückführen und eventuell resignieren, oder man macht die Schüler dafür verantwortlich, etwa in der Art: Sie haben »eine zu geringe Vorbildung, sie sind dumm, faul, undiszipliniert«, »Die Jugend heutzutage ist generell ungehorsam, faul, nur auf Spaß aus, eine Fun-Generation, auf die die Medien großen Einfluss haben«.

   Der Lehrer zeigt dann negatives Verhalten, wenn er der Überzeugung ist, dass »hartes Durchgreifen« das beste Mittel sei, um seine Leistungsziele zu erreichen (ebd., S. 95 ff.).

c) Lehrer mit einer negativistischen Einstellung sind für *Wahrnehmungsverzerrungen* anfällig: Sie stereotypisieren Schüler nach äußeren (Ethnie, Sprechstil) oder inneren Merkmalen (Charakter), aus denen sich ihr Verhalten ergebe (ebd., S. 107).

Unmittelbare Folgen von negativem Lehrerverhalten
Zu den unmittelbaren Folgen negativen Lehrerverhaltens zählen Verhaltensreaktionen der Schüler wie Nachlassen oder Verwei-

gern der Mitarbeit, aktive Störung des Unterrichts, aggressive Aktionen gegen Lehrer bis hin zu Schulschwänzen. Dieses Schülerverhalten kann dann zu einem spezifischen Belastungsfaktor für die Lehrer werden. Zu den

> »inneren Schülerreaktionen auf negatives Lehrerverhalten zählen die Minimierung der Anstrengungsbereitschaft, eine allgemeine Demotivierung, emotionale und psychosomatische Reaktionen wie heftige negative Gefühle wie Wut, Zorn, Trotz, Rachegefühle sowie Unwohlsein bis hin zu innerer Blockade, Verkrampfung und Erbrechen und einer Erhöhung der Aggressionsbereitschaft« (Schmitz et al. 2006, S. 119).

Die am häufigsten genannte, unmittelbare Schülerreaktion ist: »Ich verliere die Lust am Lernen.«

Spätere Folgen des negativen Lehrerverhaltens

Um etwas über mögliche Spätfolgen negativen Lehrerverhaltens zu erfahren, befragte man 450 ehemalige Schüler: »Wenn Sie an Ihre Lehrer/innen denken, haben diese Lehrkräfte irgendeinen Einfluss auf ihr weiteres Leben gehabt«?

Die Ergebnisse der Studie: Ein großer Teil der Befragten hat mit Ablehnung und Vermeidung des Fachs reagiert. Die Feststellung »Ich verliere die Lust am Lernen« wird von der Hälfte als zutreffend bezeichnet.

Wertesysteme der Lehrer

Die Münchner Forscher stellen zusammenfassend fest:

> »Typisch für eine eher überdauernde negative Lehrereinstellung im Sinne eines übergeordneten, verhaltensführenden Wertesystems sind die Präferenz der sog. Sekundärtugenden Disziplin, Ordnung, Pünktlichkeit, autoritärer Führungsstil etc. und weitgehend änderungsresistente Leitbilder sowie die damit einhergehende Geringschätzung oder gar Angst vor Veränderung, Entwicklung, Eigenverantwortung [...], weil dieses alles ›Unordnung‹ erzeugen könnte. Dagegen bewirkt eine positive Einstellung zu Schülern, ebenfalls als Ausdruck des übergeordneten, verhaltensführenden Wertesystems, positives Lehrerverhalten. Dieses wird im Wesentlichen reaktives positives Schülerverhalten evozieren« (Schmitz et al. 2006, S. 131 f.).

Maßnahmen zur Einstellungs- und Verhaltensänderung der Lehrer

Unterricht gelingt nach allgemeiner Auffassung in einem guten Klassenklima, das heißt insbesondere auch: im Rahmen einer guten Lehrer-Schüler-Beziehung. Nach Ansicht der Münchner Forscher müssten Weiterbildungen die *Sozialkompetenz* der Lehrer schulen. Sie müssten in erster Linie eine Veränderung der *Einstellung* zu Schülern und entsprechende *Verhaltensänderungen* bewirken. Doch es dürfte schwierig sein, Lehrer mit dem änderungsresistenten Wertesystem für entsprechende Fortbildungen zu gewinnen.

1.3 Engagement und Disengagement von Lehrern, Schulleitern und Schülern

An der Technischen Universität München wurde eine weitere Studie – mit dem Titel *Einsatz und Rückzug an Schulen. Engagement und Disengagement bei Lehrern, Schulleitern und Schülern* (Schmitz u. Voreck 2011) – durchgeführt. Die Leitfrage der Untersuchung ist im Vorwort formuliert: »Warum engagieren sich die einen, während die anderen innerlich kündigen?«

Theoretischer Rahmen der Studie

Die Forscher ziehen die Kontrolltheorie der Selbstregulierung von Carver und Scheier (2001) heran. Danach wird jenes Verhalten als selbstregulierend betrachtet, bei dem Menschen aktiv die »Selbstkorrektur« von zielgerichtetem Verhalten innerhalb der jeweiligen Umweltbedingungen vornehmen. Wahrgenommene Abweichung vom Zustand des Zielgerichtetseins löst korrektives Verhalten aus. Treten Schwierigkeiten bei der Zielverfolgung ein und gelingt es fortdauernd nicht, die Hindernisse zu überwinden, dann erlebt dies der Betroffene als Kontrollverlust. Das kann je nach persönlicher Disposition zu Disengagement auf der Verhaltensebene, auf der Ebene der Zielsetzungen oder sogar auf der Ebene des beruflichen Selbstbildes und der Lebensplanung führen. Selbst-Wirksamkeits-Erwartungen haben Lehrer und Schüler. In ihren Beziehungskontexten werden diese Erwartungen mehr oder weniger erfüllt. »Innere Kündigung« kann als eine Reaktion auf Kontrollverlust betrachtet werden.

Mit den heute zu Verfügung stehenden wissenschaftlichen Evaluationsmethoden können nur linear-kausale Zusammenhänge erfasst werden. Man kann nur messen, welcher »Input« jeweils zu welchem »Outcome« führt. Die Wechselwirkungen zwischen den Personengruppen sind damit nicht direkt erfassbar. Mit dem Konzept der »psychologischen Verträge« im Sinne von informellen gegenseitigen Verpflichtungen bzw. Verpflichtungserwartungen suchten die Forscher die methodische Krux zu umgehen. Mit der »Reziprozitätsnorm« wird ein Maßstab für den Grad der Erfüllung bzw. Enttäuschung der jeweiligen Erwartungen definiert. Auf die Ist-Soll-Diskrepanzen zwischen Erwartungen und Erwartungserfüllung kann unterschiedlich reagiert werden. Die Autoren haben ein Fünfstufenmodell entwickelt, dessen letzte Stufe »Burnout« und »Dienstunfähigkeit« ist.

Disengagement durch Verletzung der Reziprozitätsnorm
Zur Lehrerbelastung gibt es mehrere empirische Untersuchungen (vgl. Rothland 2007). Nach der Studie von Schaarschmidt (2005) erleben Lehrer »schwierige Schüler« und »zu große Klassen« als stärkste Belastung. Die Anforderungen ihrer Arbeit können sie unterschiedlich gut bewältigen: auf gesunde Weise engagiert (unter 20 %), sich überfordernd (etwa 30 %), sich selbst schonend (etwa 20 %) und resigniert (etwa 30 %). Mehr als 50 % der Lehrer fühlen sich überlastet. Nach der Studie von Joachim Bauer (Unterbrink et al. 2008) setzt ihnen »aggressives Verhalten von Schülern und Eltern« am meisten zu. Ungünstige Formen der Belastungsbewältigung werden als Ursache psychischer und psychosomatischer Erkrankung von Lehrern angesehen. Indikatoren für Belastung sind wie in der Burn-out-Forschung »Erschöpfung« und »Dehumanisierung« (die Schüler werden nicht mehr als Personen wahrgenommen) und die »Anzahl der Fehltage«. Aktuell scheidet jede zweite Lehrperson vorzeitig aus dem Berufsleben aus (Schmitz u. Voreck 2011, S. 186).

Die höchste signifikante Differenz zwischen »Engagierten« und »Disengagierten« zeigte sich in der Studie bei der *sozialen* Belastung. Mangelnde Lernbereitschaft und schlechte Disziplin der Schüler stehen in relativ enger Beziehung zur »inneren Kündigung«. An zweiter Stelle folgt die Belastung durch fachfremden

Unterricht, durch unterschiedliche Lernvoraussetzungen, durch Schüler mit Migrationsgeschichte sowie Probleme mit Kollegen und Erziehungsberechtigten. Zu große Klassen dagegen spielen keine herausragende Rolle.

Der Bruch der psychologischen Verträge
Die Enttäuschung gegenseitiger Erwartungen wird in der Studie als Bruch des psychologischen Vertrags und als Grund für Disengagement von Lehrern, Schulleitern und Schülern angesehen.

Einstellung der Lehrer zu Schülern
Alle Lehrer haben die gleichen Erwartungen an ihre Schüler, sie sollen »nicht stören, »sich Mühe geben«, »das Bemühen des Lehrers anerkennen« und ihn »respektieren«.

Um die Einstellung der Lehrer zu ihren Schülern zu messen, wurde ein Fragebogen mit Ratingskalen entwickelt. Etwa ein Drittel der Befragungsstichprobe (N = 1643) haben mit Sicherheit keine negative Einstellung zu ihren Schülern, etwa ein Viertel der Lehrer sind hochgradig negativ eingestellt. Letztere sehen ihre Erwartungen an die Schüler substanziell weniger erfüllt als die positiv Eingestellten.

Des Weiteren wurde untersucht, inwieweit die negative Einstellung zu Schülern mit psychischen Symptomen korreliert. Besonders bei klinisch auffälligen Lehrpersonen bestehen das Gefühl der Überbeanspruchung durch die Schüler, das Gefühl der mangelnden Selbstwirksamkeit und die Unfähigkeit, Erfolge wahrzunehmen. Die genauere Analyse zeigt, dass die Tendenz zum Disengagement und die negative Einstellung zu Schülern zusammen mit den Skalen, die auf Neurotizismus deuten, einen Symptomkomplex bilden.

Disengagement von Schulleitern
Auch Vorgesetzte können ihr Engagement verringern und ihren Mitarbeitern »innerlich kündigen«. Dies ist allerdings eher selten der Fall. Schulleiter können sich in zwei Richtungen disengagieren, gegenüber ihren Lehrern und gegenüber der Schulaufsichtsbehörde.

Für die Untersuchung wurden 240 Schulleiter schriftlich befragt. Sie erwarten u. a. von ihren Lehrern, dass sie »Anordnungen voll erfüllen, Bericht erstatten, nicht dreinreden, mich fragen, belastungsfähig sind, nicht auf Lob warten« (Schmitz u. Voreck 2011, S. 319). Aus Sicht der Schulleiter wird ein Großteil dieser Erwartungen von vielen Lehrern nicht erfüllt und somit der »psychologische Vertrag« gebrochen. Schulleiter, die innerlich gekündigt haben, haben stärker als Engagierte das Gefühl, »mehr zu investieren, als zurückzubekommen«, sie sind mehr »enttäuscht« und würden manche Lehrer gerne »hinausschmeißen« (S. 323 f.).

Zusätzlich wurde der Zusammenhang zwischen Vertragsbruch und innerer Kündigung der Schulleiter ermittelt. Die Frage »Würden Sie kündigen, wenn Sie kündigen könnten?« bejahten etwa 75 %. Verantwortungsbewusstsein und Beamtenstatus jedoch erschweren die tatsächliche Kündigung, so wollten 218 engagiert weiterarbeiten, während nur 22 Personen innerlich gekündigt hatten.

Lehrererwartungen an Schulleiter

Lehrer erwarten von der Schulleitung einen kooperativen Führungsstil, das heißt, dass sie »über Wichtiges früh informiert« und in »Entscheidungen eingebunden« werden wollen; sie erwarten, dass »Maßnahmen begründet« werden wollen und dass sie von der Schulleitung »Anerkennung und Rückmeldungen« bekommen (S. 169). Negativ bewerten Lehrer folgende Verhaltensweisen von Schulleitern und Erlebnisse, für die sie die Schulleitung verantwortlich machen: »Mein Schulleiter informiert mich unvollständig«, »Er befiehlt gern«, »Ich ärgere mich häufig im schulischen Alltag«, »Unser Schulklima halte ich für schlecht«, »In meiner Schule funktionieren nur wenige Dinge richtig«, »Bei mir bleibt viel Unangenehmes hängen« (S. 170). Die Lehrer sehen also Mängel in der Führung der Schule, der psychologische Vertrag wird aus ihrer Sicht durch die Schulleitung gebrochen. Neben dem Schülerverhalten ist dies der wichtigste Faktor für ihre innere Kündigung.

Die Forscher vermuten, dass es auf beiden Seiten keine Klarheit über die gegenseitigen informellen Erwartungen gibt, da darüber kaum kommuniziert wird. Hier wäre ein wichtiger Ansatzpunkt für die Verbesserung der Beziehungen zwischen Schulleitung und Lehrerkollegium.

Disengagement von Schülern

Auf der Grundlage von Voruntersuchungen wurde eine anonyme Befragung von 520 Schülern an Berufsschulen durchgeführt. Signifikante Unterschiede zwischen engagierten und disengagierten Schülern betrafen die »Identifikation mit der Schule«, die »Zufriedenheit mit dem Unterricht« sowie »Frustration« und »Enttäuschung« durch die Lehrer. Dabei ergab sich folgende Rangfolge: Die Schüler erwarten, dass die Lehrer »gerecht« sind, »nicht gleich ausflippen oder schimpfen«, »alle Schüler gleichbehandeln«, »Verständnis haben, wenn ich nicht gut drauf bin«, »meine Meinung ernst nehmen«, »im Unterricht auch mal einen Spaß machen«, »merken und mich loben, wenn ich mich anstrenge« und »geduldig« sind. Negative Werte in diesen Punkten weisen auf einen Bruch des psychologischen Vertrags hin. Die disengagierten Schüler fühlten sich signifikant stärker enttäuscht als die engagierten, ihre Erwartungen an die Lehrer werden weniger erfüllt, sie fühlen sich deutlich ungerechter behandelt. Diese Ergebnisse zeigen die große Bedeutung der Lehrer-Schüler-Beziehung für die Zufriedenheit und den Schulerfolg der Schüler.

1.4 Zusammenfassung

Engagement, Professionalität und Unterrichtsqualität kennzeichnen nach Andreas Helmke (2009) einen fähigen Lehrer und ermöglichen erfolgreiches Unterrichten.

Nach Auffassung der Münchner Forscher kann Disengagement auch als »Selbstschutz« verstanden werden.

Grundlegend dafür sind

- »das Ausbleiben erwarteter positiver Ereignisse
- die Verletzung der Reziprozitätsnorm
- die Wahrnehmung von Kontrollverlust infolge andauernder Misserfolge, die aus den mangelhaft geschulten sozialen Kompetenzen resultieren [...].
- Daneben können weitere spezifische situative, systemische und persönliche Gründe eine Rolle spielen, z. B. unter einer unfähigen Schulleitung arbeiten zu müssen, die häufig überhöhten Ziele von Berufsanfängern und emotionale Labilität« (Schmitz u. Voreck 2011, S. 383).

1.5 Maßnahmen und Schlussfolgerungen

Die Mängel im deutschen Schulsystem sind nach Ansicht des konstruktivistischen Didaktikers Kersten Reich (2011): »[...] zu viel Stoff, zu wenig gute Beziehungen, zu viel Selektion«.

Im Mittelpunkt der von Schmitz und Voreck (2011) vorgeschlagenen Maßnahmen stehen die notwendige Vermittlung von psychologischem Wissen sowie die Schulung der sozialen Kompetenz in der Lehreraus- und -fortbildung. Ohne Kenntnis der psychosozialen Gesetzmäßigkeiten bleibe Unterrichten mehr oder weniger ein »bloßes Herumtappen«:

> »Kern aller Maßnahmen muss die Förderung des prozeduralen Wissens (Fertigkeiten, Können in der Anwendung) sein im Sinne der Schlüsselqualifikationen in der sozialen Kompetenz und im didaktischen Handlungswissen« (S. 286).

2 Lehren und Lernen aus systemischer Sicht

Einstellungen, Beziehungsgestaltung und soziale Kompetenz sind entscheidende Voraussetzungen für das Gelingen von Lehr-Lern-Prozessen. Das Resultat der empirischen Forschung dürfte Lehrer nicht überraschen. Jeder weiß, dass eine gute Lehrer-Schüler-Beziehung wichtig ist, und wünscht sich eine solche. Wer sich für den Lehrerberuf entschieden hat, ist zu Beginn seiner Laufbahn engagiert und möchte das Beste für seine Schüler erreichen. Warum dies einem Teil der Lehrer auf die Dauer nicht gelingt, obwohl alle den gleichen Bedingungen – Schülern, die sich mehr oder weniger adäquat verhalten – ausgesetzt sind, sieht die empirische Forschung zum einen in der *Informationsverarbeitung* der Lehrpersonen begründet, zum anderen im Führungsverhalten der Schulleiter. Deren auf die Gesamtorganisation bezogenes Handeln wiederum ist nicht nur von ihren Managementfähigkeiten abhängig, sondern auch von dem *interaktionellen Regelsystem*, das sich in ihren Lehrerkollegien ausgebildet hat.

Die Gestaltpsychologie hat für solche Wechselwirkungen »Gesetze« formuliert: »Das Ganze ist mehr als die Summe seiner Teile.« Und umkehrt: »Die Entwicklung des Ganzen ist von den Teilen abhängig.« Es handelt sich um zirkuläre Kausalitäten, deren Gesetzlichkeiten die Theorien dynamischer Systeme beschreiben. Eine systemtheoretische Analyse von »Schule« kann hier allerdings nicht Selbstzweck sein. Für die Schulpädagogik haben Theorien nur dann Sinn, wenn sich daraus grundlegende Schlussfolgerungen für das konkrete Handeln der wichtigsten Akteure ziehen lassen: für Schulleiter und Lehrer.

2.1 Ordnung in der Vielfalt – Regeln der Informationsverarbeitung

Systemwissenschaftlichen Modellen gemeinsam ist die Suche nach komplexitätsreduzierenden Ordnungen, den »Schemata« und »Regeln«, mit denen Systeme ihre Strukturen im Austausch mit ihren sich verändernden Umwelten reproduzieren und selbstorganisiert neue Strukturen bilden (Kriz 1999; Haken u. Schiepek 2006).

Umweltreize werden von Menschen kognitiv verarbeitet. Im Modell der Psychologen Charles S. Carver und Michael F. Scheier (2001) geschieht dies in einem hierarchischen Feedbackprozess.

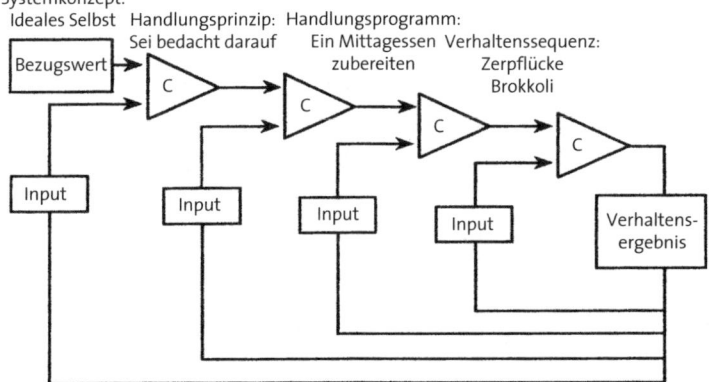

Abb. 1: *Die Hierarchieebenen zielorientierter Feedbackprozesse am Beispiel der Zubereitung einer Mahlzeit (nach Carver a. Scheier 2001, p. 69)*

Auf den Zusammenhang hier übertragen, hat das Feedbackgeschehen folgende Struktur: Zur *Identität* eines Menschen oder einer Organisation gehören *Visionen* und *Werte*, sie prägen das *Glaubenssystem*, das vorgibt, was zu tun gut oder nicht gut ist. Daraus ergeben sich *Handlungsprogramme*, welche die Menschen mit ihrem *Verhalten* in der *Umwelt* umsetzen. Die qualitative Richtung der Informationsverarbeitung regulieren auf basaler Ebene *positive* und *negative* Affekte (Carver a. Scheier 2001; Kuhl 2001).

Die Ebenen zielorientierter Informationsverarbeitung fächern sich von oben nach unten immer mehr auf.

Auf jeder Ebene werden Ziele realisiert: Auf der Systemebene *(ideal self)* handelt es sich um Seinsziele *(be goals)*, sie sind in selbstbezogene Prinzipien (Werte) differenziert; auf der Programmebene geht es um Handlungsziele *(do goals)*, die mit bestimmten Verhaltenssequenzen *(motor control goals)* in der Umwelt zu erreichen gesucht werden. Die konkreten Umwelterfahrungen verändern im Feedback die Programme (Fähigkeiten) und Prinzipien der höheren Ebenen.

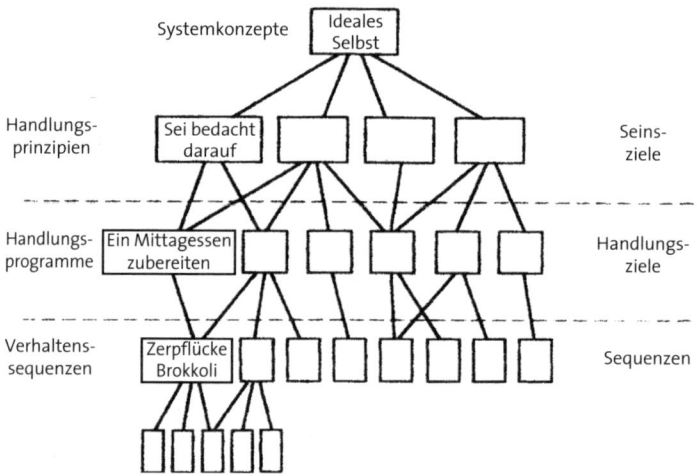

Abb. 2: Ziele auf den Ebenen der Selbstregulation des Verhaltens (nach Carver a. Scheier 2001, p. 72)

Bei den interaktiven »Regeln« und den »Ebenen« der Informationsverarbeitung handelt es sich um hypothetische Wirklichkeiten. Die systemische Praxis allerdings zeigt: Wenn man auf der Grundlage solcher Konstrukte handelt, eröffnen sich neue Optionen, die den Handlungsspielraum erweitern. Dies ist die Prämisse des systemischen Ansatzes in Lehr-Lern-Praxen. Hypothesengeleitetes Handeln erweist sich als wirksam: *Neue subjektive Wirklichkeiten entstehen.*

2.2 Konstruktivismus und Systemtheorien

Hirnforscher und Psychologen (z. B. Roth 1997; Markowitsch u. Welzer 2005; Kuhl 2001) stimmen überein: Menschen »konstruieren« in psychischen und sozialen Feedbackmechanismen ihre

Wirklichkeit, die in den neuronalen Netzwerken gespeichert wird. Die Art und Weise, wie Menschen leben und erleben, formt ihre in der Auseinandersetzung mit der Umwelt erworbenen kognitiven Strukturen, deren materielles Substrat das Gehirn ist. Die »Wirklichkeit draußen« wird nicht objektiv abgebildet, sondern *subjektiv aufgebaut.*

Die Erkenntnistheorie des sogenannten radikalen Konstruktivismus bestimmt das Verhältnis zwischen subjektiver Wahrnehmung und objektiver Realität in der philosophischen Tradition von Immanuel Kant. Der Kognitionsforscher Ernst von Glasersfeld (1985) hat eine »Theorie des Wissens« entwickelt. Demnach konstruieren Menschen ihre Wirklichkeit mit ihren Sinnessystemen, ihr autobiografisches Wissen komprimieren sie sprachlich in subjektiven Theorien über die Kausalitäten, welche in der Außenwelt herrschen. Das Gütekriterium für subjektives Wissen ist nicht »Wahrheit«, sondern »Viabilität« (Passung) bzw. »Nützlichkeit« in der Erlebenswelt.

In systemischen Praxen bildet der Konstruktivismus die Grundlage interventiven Handelns. Paul Watzlawick (1992) spricht von der »Wirklichkeit erster Ordnung«, den »harten« Fakten der Umwelt, und der »Wirklichkeit zweiter Ordnung«, den subjektiven Überzeugungen und Theorien. Letztere sind nach von Glasersfeld »viabel« (gangbar), solange es dem Einzelnen gelingt, damit seine Ziele in der Lebenswelt zu erreichen. Ist dies bei als unlösbar erlebten Problemen nicht möglich, kommt die Person an die Grenzen ihrer Wirklichkeitskonstruktion, sie benötigt für die Lösung neue Informationen.

Für die systemische Praxis ist Watzlawicks Unterscheidung zentral: Das handlungsleitende Glaubenssystem des Menschen ist veränderbar, es führt zu unterschiedlichen Verhaltensschlussfolgerungen, anderes Verhalten wiederum hat Auswirkungen auf die soziale Umwelt. Systemisches Intervenieren sucht die »Wirklichkeit zweiter Ordnung« in einer Weise zu beeinflussen, dass sich für den Einzelnen neue Handlungsoptionen ergeben.

Autopoiesetheorie und Synergetik
Konstruktivismus und Systemtheorien gehören in der systemischen Handlungstheorie zusammen. Die Theorien dynamischer

Systeme erklären, unter welchen Bedingungen sich Systeme eigengesetzlich in qualitativ neue Gestalten umstrukturieren.

In diesem Rahmen werden nur diejenigen Systemtheorien herangezogen, auf die sich systemische Praxen beziehen, das sind die Autopoiesetheorie, die Synergetik und die Beobachtertheorie. Die Konstrukte der Systemtheorien, deren Gesetzlichkeiten sich mathematisch errechnen lassen, werden so knapp wie möglich dargestellt (vgl. ausführlich bei Kriz 1992, 1999, Simon 2006, Haken u. Schiepek 2006).

Die Konzepte der Autopoiesetheorie
Das Autopoiesekonzept wurde von den Biologen Humberto Maturana und Francisco Varela (vgl. Maturana 1982) entwickelt. Biologische Systeme sind »autopoietisch«, insofern es sich um »selbsterzeugende, selbstorganisierende, selbstreferenzielle und selbsterhaltende Systeme« handelt (S. J. Schmidt 1987, S. 22). Ein Organismus erneuert, solange er lebt, im Stoffwechselprozess selbstorganisiert seine Zellen, er reagiert »strukturdeterminiert« auf eigene Zustandsveränderungen und sorgt durch Fortpflanzung für den Erhalt der Spezies.

Lebende Systeme operieren auf der Grundlage ihrer Geschichte, ihr Lernprozess ist unumkehrbar. Das Lernen von Humansystemen manifestiert sich in den psychobiologischen Strukturen der Individuen, in der Organisation ihrer sozialen Systeme sowie in den gesellschaftlichen und staatlichen Institutionen. Im historischen Prozess verändert sich die gesamtgesellschaftliche Ordnung.

Operationale Geschlossenheit und strukturelle Kopplung
Im Humanbereich unterscheidet man drei »operational geschlossene« Systeme: Organismus, Psyche und soziales System. Gemäß der Theorie des Soziologen Niklas Luhmann (1988) reproduzieren sich die Systeme in ihrer je eigenen Operationsform: ein psychisches System mit »Bewusstseinsakten«, ein soziales System mit »Kommunikationen«, der Organismus mit biochemischen Prozessen. Menschen qualifizieren Umweltreize im Unterschied zu Tieren durch sprachliche Sinnzuschreibung (Kriz 1999).

Die drei Systeme sind »strukturell gekoppelt«, insofern wirken sie als »Umwelten« aufeinander ein. Auf von außen induzierte Zustandsveränderungen reagieren sie »selbstreferenziell« (Luhmann 1988). Jedes System beeinflusst in Wechselwirkungen das andere: Man erlebt zum Beispiel körperlichen Schmerz (Organismus), der wiederum kann durch Verhalten entstehen (Psyche) und mit sozialen Beziehungen (Kommunikationen) zu tun haben.

»Informationen«

Veränderungen seiner relevanten Umwelten sind für ein System »Informationen«. Der Verhaltensforscher Gregory Bateson, der das systemische Denken substanziell geprägt hat, definiert »Information« als einen »Unterschied, der einen Unterschied macht« (1981). Die innere und äußere Umwelt beeinflussen die kognitiven Strukturen des Menschen. Die Verarbeitung von Umweltreizen führt nach Jean Piaget zur »Assimilation«, das heißt zur Integration in bestehende kognitive Schemata, oder zur »Akkommodation«, das heißt zur Erweiterung oder Anpassung der kognitiven Strukturen an Situationen, die mit den vorhandenen Schemata nicht bewältigt werden können.

Die Konzepte der Synergetik

Der Begriff »Synergetik« bezeichnet das »Zusammenwirken« von Systemelementen für die Strukturbildung des Gesamtsystems. Nach Auffassung des Physikers Herrmann Haken und des Psychologen Günter Schiepek sind nicht nur physikalische und chemische Systeme synergetisch organisiert, sondern auch das Gehirn, psychosoziale und Ökosysteme. Es handelt sich um komplexe Einheiten, die aus vielen teilautonomen Subsystemen bestehen. Aus ihrer Interaktion müsste man *kompliziertes* Verhalten erwarten. Weshalb das nicht eintritt, erklären die Konzepte der Synergetik. Komplexität zu reduzieren ist das zentrale Thema der Synergetik, sie kann als »eine Theorie der Reduktion von Freiheitsgraden in verschiedensten Systemen angesehen werden«. Es handle sich um die umfassendste systemtheoretische Konzeption (Haken u. Schiepek 2006). Sie entspricht dem Selbstregulationsmodell von Carver und Scheier (2001).

Kontrollparameter

Wie in der Autopoisetheorie verändern sich im Modell der Synergetik Systeme durch spezifische Umwelteinflüsse, sie werden »Kontrollparameter« genannt. Übersteigt der Kontrollparameter *quantitativ* ein bestimmtes Maß, dann verändert sich das System in einem Phasenübergang *qualitativ*. Der Laserstrahl zum Beispiel bildet sich durch Verstärkung der externen Energiezufuhr. Am kritischen Punkt *entscheidet* das System, in welchen Zustand es einläuft. Bevor es den *Bifurkationspunkt* überschreitet, kennzeichnet das Systemverhalten ein *kritisches Langsamerwerden*.

In psychischen Systemen haben nach Auffassung von Haken und Schiepek (2006) *Motivationen und Emotionen* die Funktion der Kontrollparameter. In der Psychotherapie – das lässt sich auf die Pädagogik übertragen – gehe es deshalb

> »um die Herstellung motivationsfördernder Bedingungen, um die Aktivierung von Ressourcen, um die Intensivierung von Emotionen und um die emotionale und motivationale Bedeutung von Zielen, Anliegen und Visionen des Patienten« (S. 438).

Das Versklavungsprinzip

Das Zusammenwirken der »Elemente« eines Systems geschieht in einer Hierarchie von Ordnern. Das Gesamtverhalten des Systems wird nicht *bottom-up* (von unten nach oben) aus der Interaktion der Teile, sondern *top-down* (von oben nach unten) im Sinne einer Feldwirkung reguliert (Kriz 1999). Herrmann Haken nennt den Mechanismus »Versklavungsprinzip«. Auf der höchsten Ebene der Informationsverarbeitung in einem komplexen System bilden sich *wenige* Ordner heraus, die das Verhalten der *vielen* Order auf unteren Ebenen bestimmen und insofern »versklaven«.

Zeitskalenhierarchie

Phasenübergänge in andere Systemstrukturen vollziehen sich in unterschiedlichen Zeitrahmen. Mit dem Konzept der Zeitskalenhierarchie führt die Synergetik gegenüber der Autopoiesetheorie eine wichtige Präzisierung in die Theorie dynamischer Systeme ein. Gesellschaftliche Veränderungen geschehen in größeren Zeiträumen als die Veränderung des Verhaltens von Kindern, die in der Gesellschaft aufwachsen. Die Veränderung von Einstellungen dauert länger als die Änderung von Verhaltensweisen.

Synergetische Phänomene in psychosozialen Systemen
Die synergetischen Konstrukte lassen sich mit Mechanismen bei der Gruppenbildung veranschaulichen. Kommen Menschen, die sich nicht kennen, zu einem bestimmten Zweck zusammen, so werden sich nach einer Weile aus dem Verhalten der Einzelnen Interaktionsregeln herausbilden, an die sich alle halten. Die Freiheitsgrade der Individuen werden eingeschränkt, sie werden durch die Regeln der Gruppe »versklavt«. Das lässt sich in Schulklassen beobachten: Kommen Wiederholer in eine Klasse, stiftet das für eine Weile Unruhe. Am »kritischen Punkt« entscheidet sich, ob die bisherigen Interaktionsregeln Bestand haben oder ob durch die Neuen – vielleicht als die Älteren dominant – ein neues Regelsystem in der Lerngruppe entsteht. In jedem Lehrerkollegium haben sich spezifische Interaktionsregeln herausgebildet, in die sich neue Lehrer intuitiv einzupassen suchen.

Das »kritische Langsamerwerden« könnten folgende Phänomene veranschaulichen: Klienten reagieren auf wichtige Fragen mit der Feststellung »Das ist eine gute Frage«; sie überlegen eine Weile, bis sie eine Antwort haben; wer mit einem schwierigen Sachproblem befasst ist, hat eine Vorahnung, dass er sich der Lösung nähert, er befasst sich noch intensiver mit dem Problem, bis ihm die Lösung – oft schlagartig als Aha-Erlebnis – zufällt.

Musterbildung, Mustererkennung und Musterkomplettierung
Der Systemtheoretiker und Psychologe Jürgen Kriz (1999) unterscheidet den Prozess der »Musterbildung« in der psychosozialen Entwicklung eines Menschen von den Vorgängen der »Mustererkennung« und »Musterkomplettierung«. Kognitive Muster machen die Wirklichkeit übersichtlich, vorhersagbar und erlauben planendes Handeln. Man sieht das Bekannte und tut das Gewohnte. Beim Wahrnehmen geschieht Musterkomplettierung – ein Phänomen, das jeder aus der Alltagserfahrung kennt. Zum Beispiel braucht der Lehrer nur eine bestimmte Miene aufzusetzen, schon wissen die Schüler, dass jetzt ein Donnerwetter kommt und wappnen sich entsprechend.

»Je mehr unsere Welterfahrung von dieser Komplettierungsdynamik bestimmt wird, desto weniger sind wir für Neues offen, sondern erfahren zunehmend das Gleiche« (ebd., S. 140).

Ziele als Attraktoren

Dynamische Systeme bewegen sich gemäß der Chaostheorie auf »Attraktoren« in ihrem Phasenraum zu (Kriz 1992). Als Metapher auf die schulische Realität übertragen, bedeutet das: Für eine Schule, für den Unterricht und die Beratung sind die Zielsetzungen zentral. »Attraktive« Ziele motivieren, sie auch zu erreichen. Eine Schule entwickelt sich, wenn das Kollegium seine Visionen umsetzt. Der Lehrer sucht die Schüler zum Lernen zu bewegen, indem er die Unterrichtsziele in irgendeiner Weise »attraktiv« macht. Den stärksten Antrieb verschafft das mögliche Erfolgserlebnis in der antizipierten Zielrealität.

Iteration – Isomorphe Muster in Systemen

Die im Computer erzeugbaren »Fraktale« oder die natürliche Gestalt des Farnkrauts veranschaulichen das Phänomen der »Iteration« (Kriz 1992). Isomorphe (selbstähnliche) Muster finden sich auch in Schulen. So kann sich zum Beispiel ein Konflikt auf der Leitungsebene im Lehrerkollegium abbilden und von dort aus in die Lerngruppen wirken.

Die Beobachtertheorie der zwischenmenschlichen Kommunikation

Die Biologen Humberto Maturana und Franzisco Varela (vgl. Maturana 1982) sowie der Kognitionsforscher Heinz von Foerster (1988) haben den *Beobachter* als konstitutiv in die Systemtheorie eingeführt. Nach Maturana sind *alle* lebenden Systeme, nicht nur Menschen, die Umwelt beobachtende *kognitive Systeme*. In der Art und Weise, wie sich in der Evolution die Interaktion eines Organismus mit seiner Umwelt in seinen Strukturen niedergeschlagen hat, zeigt sich »Kognition« als »biologische Erkenntnis« (Simon 2006).

Kybernetik 2. Ordnung

Heinz von Foerster nennt die Systemtheorie, welche die *Beobachterrelativität* von Systemen berücksichtigt, »Kybernetik 2. Ordnung« – im Unterschied zur »Kybernetik 1. Ordnung«, bei der man Systeme »objektiv«, also unabhängig vom Beobachter zu erfassen suchte. Es gibt jedoch keinen Standpunkt »außerhalb«, denn der Beobachter beeinflusst ein System, sobald er mit ihm in Kontakt tritt. Auch der Wissenschaftler schränkt mit Theorien seinen Beobachtungsbereich ein.

Von Foerster unternimmt in seiner Theorie eine logische Hierarchisierung: Er unterscheidet zwischen der »Beobachtung 1. Ordnung«, der *Beobachtung eines Gegenstandes*, und der »Beobachtung 2. Ordnung«, der *Beobachtung der Beobachtung dieses Gegenstandes* (Simon 2006). Die erste Form meint die Wahrnehmung der Außenwelt mit den Sinnessystemen und die Versprachlichung des Beobachteten.

Die Beobachtung zweiter Ordnung thematisiert:

a) die Selbstreferenzialität des Beobachtens: Man kann nur das sehen, was man mit seinen kognitiven Strukturen sehen kann; »blinde Flecken« gehören zu unserer Wahrnehmung ebenso wie »rosa« oder »graue Brillen«;
b) die Beobachtung aus der Metaperspektive: Der teilnehmende Beobachter registriert das Interaktionsmuster, das sich zwischen ihm und dem/den anderen etabliert hat.

Individuen als verändernde Umwelt
Menschen sind in der Lage, soziale Wechselwirkungen bewusst wahrzunehmen und zu entscheiden, welche ihrer Denk- und Verhaltensweisen in der Kommunikation zieldienlich sind. Insofern bilden Individuen die Umwelt, von der Veränderungen ausgehen. Bezogen auf die Schule, bedeutet das: Schulleiter und einzelne Lehrer können mit ihren kreativen Fähigkeiten wünschenswerte Veränderungen anstoßen, auch wenn das, wie die systemische Organisationstheorie zeigt, nicht einfach ist.

Landkarten
Die Tatsache, dass Menschen ihre Wirklichkeit überwiegend sprachlich beschreiben, grenzt den Interventionsbereich des Beobachters klar ein: Es gilt, die »Landkarten«, die Wirklichkeit 2. Ordnung, zu verändern. Die die Umweltreize betreffende Be-

deutungsgebung, ihre Erklärung und Bewertung sind die *Filter* der Informationsverarbeitung (Simon 2006).

In der Pädagogik geht es genauso wie in Therapie und Organisationsentwicklung um die Veränderung der Landkarten, und zwar in einer Weise, dass sich der Einzelne wieder als Gestalter seiner Wirklichkeit erleben kann – auch wenn es darin Fakten gibt, auf die er keinen Einfluss hat.

Bedeutung der Beobachtertheorie für die Kommunikation in Schulen

Mit der Kybernetik 2. Ordnung richtet sich die Beobachtung auf die Beziehung des Beobachters zum beobachteten System (Simon 2006). Für den intervenierenden Akteur stellt sich die Frage, auf welche Weise er andere beeinflussen kann.

Für Lehrer ist problematisches Verhalten von Schülern meist *nicht verstehbar* und mit den gewohnten pädagogischen Strategien *nicht beeinflussbar*. Um dennoch etwas bewirken zu können, benötigen sowohl der Lehrer als auch der Schüler »Informationen« aus der Umwelt.

Die Rolle desjenigen, der den Betroffenen aus seinem Problemerleben herausholt und ihn darin unterstützt, seine Fähigkeiten für die Problemlösung zu nutzen, kann jeder übernehmen, der kognitiv und emotional *nicht involviert* ist. Das können Lehrer, Berater, Freunde oder Großeltern sein. Mit ihrer Distanz zum Problem beeinflussen sie nonverbal und verbal die »Wirklichkeitskonstruktion« des Problemträgers. Dabei geschieht etwas ganz Alltägliches: Sie verhelfen ihm, wie die Alltagssprache zeigt, dazu, »Abstand zu bekommen«, »anders über eine Sache zu denken«, sich auf sich selbst und die eigenen Fähigkeiten zu »besinnen«. Der Gesprächspartner hört, was der andere zu seinen Anregungen sagt, und sieht, wie er nonverbal darauf reagiert. Am Ausdrucksverhalten des anderen kann er wahrnehmen, ob er den anderen »informiert« hat.

Grenzen und Möglichkeiten von Lehrern

Was schränkt die Fähigkeit von Lehrern, zu »informieren«, ein? Das sind einmal »eingefleischte« Glaubenssätze und Verhaltensweisen, die sie in ihrer Sozialisation gelernt haben, und zum anderen das Denk- und Regelsystem ihrer Schule, in das sie sich eingepasst haben.

Veränderungen werden von Lehrern angestoßen, die neue Informationen von »außen« erhalten haben. Neue Ideen können sie zum Beispiel im Coaching und in der Supervision bekommen oder aus Weiterbildungen mitbringen.

2.3 Die Organisation Schule

Es gibt Ziele, die ein Mensch aus eigener Kraft nicht erreichen kann, bei denen er auf die Mitwirkung anderer angewiesen ist. Dort, wo sich Menschen zusammengeschlossen haben oder zusammengesetzt worden sind, um Ziele zu erreichen, die zuvor (selbst) gesetzt oder vereinbart worden sind, bedarf es einer gewissen Koordination, die sich in der Entwicklung von arbeitsteiligen Aktivitäten ausdrückt. Dieses Zusammenwirken braucht verschiedene Absprachen, die aufeinander bezogen sind und in regelmäßigen Abständen auf ihre Sinnhaftigkeit hin überprüft werden müssen. Gelingt es, diese Teilaktivitäten gut zu koordinieren, dann ist das Ergebnis besser, als es einzelne Menschen unkoordiniert hätten erzielen können.

Das systemische Organisationsverständnis

In der systemischen Organisationstheorie gehen wir davon aus, dass

> »Organisationen keine dinglichen Entitäten (sind), sondern Prozesse, die nur die Zeit überdauernd bestehen bleiben, wenn sie immer wieder aufs Neue realisiert, d. h. fortgesetzt werden« (Simon 2007, S. 16).

Demnach handelt es sich bei einer Organisation (so auch der Schule) um ein kommunikatives Konstrukt, das immer wieder von den in ihr tätigen Mitgliedern neu erschaffen wird.

Die Macht von Regeln

In einem durch spezifische Regeln und Normen definierten Rahmen, wie er durch eine Organisation vorgegeben ist, sind die Inhalte und die Strukturen der kommunikativen Prozesse durch *übergeordnete*, für den einzelnen nicht erkennbare Muster der Organisation bestimmt.

Die Regeln der Kommunikation in einer Organisation sind mächtiger als das, was der Einzelne will und was er sich vorgenommen hat.

In jeder Organisation herrschen offene Regeln der Kommunikation, die festgelegt sind in Ritualen von Konferenzen, Besprechungen und der Protokollierung der verschiedenen Beschlüsse innerhalb der Organisation. Allerdings zeigt der Schulalltag auch etwas anderes: Informelle Hierarchien und informelle Regeln sind weitaus mächtiger als das, was offiziell festgelegt wurde. So können manche Schulleiter in einem System noch so viel wollen, sie dringen mit ihren Vorschlägen oder Anweisungen einfach nicht durch. Auch auf der Ebene des Kollegiums kann man immer wieder gut erkennen, welche informelle Regeln sich in der Interaktion durchsetzen: Wie oft ist z. B. die »Unordnung« des Lehrerzimmers von einigen »Sensiblen« bemängelt worden? Jede Verbesserung der Situation wirkt immer nur kurzfristig – schnell ist der Ursprungszustand wieder hergestellt, und man fragt sich: Wie kommt dieses kollektive Vergessen zustande?

Isomorphe Strukturen

Zwischen den Mitgliedern der Organisation bzw. zwischen ihren »psychischen Systemen« und der Organisation gibt es eine strukturelle Kopplung, die im Sinne einer zirkulären Kausalität wirkt: Beide Ebenen beeinflussen sich also gegenseitig. Die strukturelle Kopplung zwischen den beiden Ebenen hat auch zur Folge, dass sich die Konfliktthemen, die in der Organisation oder bei Mitgliedern der Organisation vorherrschen, auf die jeweils andere Ebene (Mikro- bzw. Makroebene) auswirken. Dieses Phänomen kann man auch in Supervisionen in Schulen häufig feststellen. So haben wiederkehrende Konflikte zwischen Schülern vielfach auch ein Äquivalent auf der Organisationsebene. Diese Abbildungsphänomene werden im systemischen Denken als isomorphe Strukturen bezeichnet. Daher geht man im systemischen Verständnis der Organisation davon aus, dass sämtliche Konflikte in der Organisation immer auch eine Strukturkomponente in sich tragen, daher strukturdeterminiert sind und sich in einer modifizierten Form auf allen Ebenen der Organisation abbilden.

Systemisches Paradigma:

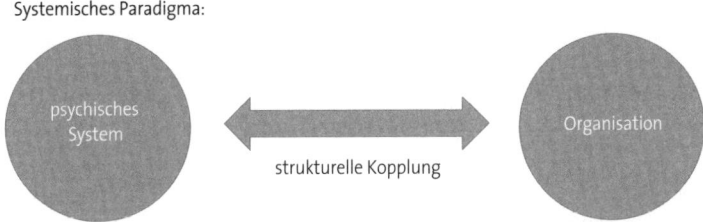

Abb. 3: Strukturelle Kopplung zwischen Mikro- und Makroebene

Das Phänomen der isomorphen Strukturen wird noch deutlicher, wenn wir uns vorstellen, wie viele Einflüsse auf ein großes System einwirken, wie es eine Schule darstellt.

Abb. 4: Wechselwirkungen zwischen Konflikten

Die vielfältigen Möglichkeiten von Konflikten zwischen den Organisationsmitgliedern werden noch angereichert mit den Konflikten, die sich aus der Interaktion der Organisation mit den sogenannten Anspruchsgruppen (Politik, Öffentlichkeit, Wirtschaft etc.) ergeben. Sie melden ihre eigenen Ansprüche direkt oder indirekt an und wirken in Abhängigkeit von ihrer hierarchischen Verknüpfung mit der Schule und insofern mit ihren Machtmöglichkeiten auf die Schule ein. Sie bestimmen die Rahmenbedingungen mit und wirken insofern konfliktverstärkend oder konfliktreduzierend.

Interaktionelle Choreografien

Eines der »Gestaltgesetze« in der Gestaltpsychologie besagt, dass »das Ganze immer mehr ist als die Summe der Teile«. Organisation entsteht demzufolge aus dem Zusammenspiel vieler Einzelner, die sich aufeinander eingestellt haben. Im biologischen Sinne spricht man hier von einer »Synchronisation der Organismen«, die eng miteinander interagieren und so strukturell aneinander gekoppelt sind. Maturana betont, dass alle Eigenphänomene sozialer Systeme sich aus der strukturellen Koppelung (Konsensualisierung) von Menschen ergeben. Diese strukturelle Kopplung erzeugt allmählich eine »rekurrente Vernetzung«, aus der sich der Verhaltensrahmen einer Organisation bestimmt. Das Zusammenspiel entspricht einem vorbewussten energetischen Abgleich der Individuen, der nach und nach zu einem neuen Ganzen in der Interaktion wird.

Eine Organisation erfindet nach einer Zeit ihre eigene Choreografie, nach der sie interagiert. Diese Choreografie ist ein unverwechselbares Spezifikum dieser Organisation. Schulen der einzelnen Schulformen gleichen sich zwar als organisationelle Gebilde, weil sie gleiche Aufträge und gleiche Ziele haben. Dennoch wird die Eigenart der Organisation von den Mitgliedern der Organisation sowie vom dem die Organisation umgebenden Kontext definiert. Die Choreografie im Kollegium einer Schule ist lang erprobt und bildet sich in der Interaktion nach der vollzogenen Synchronisation ab. So weiß man schon genau, was bei anderen passiert, wenn Kollege X etwas in der Konferenz sagt: wer sofort opponiert und wer zustimmt; wer wann was zu welchem Thema sagen darf oder nicht; wer Gehör findet und wer prinzipiell überhört wird; wer – allein, wenn seine Gestik und Mimik darauf hindeutet, dass er etwas sagen will – sofort zum »Abschalten« großer Teile des Kollegiums einlädt. Die Rollen sind genau verteilt, aufeinander bezogen und miteinander synchronisiert.

Koalitionen und Subgruppen

Lehrerkollegien zeigen darüber hinaus sehr häufig aufgrund ihrer subjektiv als unüberschaubar empfundenen Größe (mitunter 100 Lehrer im Kollegium) eine Vielzahl von Koalitionen. Diese Koalitionen sind sehr sinnvolle Einrichtungen, da durch die persönliche Zuordnung zu einer bestimmten Gruppe die Komplexität der gesamten Organisation reduziert wird und damit die Angst vor der großen, anonymen Gruppe gebunden werden kann. Die Subgruppe bildet eine neue Binnengrenze mit eigenen modifizierten Regeln und Ritualen, die eine eigene Zugehörigkeit definiert. In den meisten großen Kollegien findet man eine Vielzahl von Subgruppen, die alle eigenen Gesetzen folgen, eigene Binnengrenzen aufgebaut haben und an ihren Grenzen den anderen Subgruppen begegnen. Dennoch sind sie Teile des Ganzen und müssen sich mit den anderen Subgruppen auseinandersetzen.

Auch wenn es manchmal so scheint, als ob man sich aus dem Weg gehen würde, ist man aufeinander bezogen. Watzlawick verweist darauf, dass man »nicht *nicht* kommunizieren« kann. Also ist alles miteinander verknüpft, in Feedbackschleifen verbunden und im besten systemischen Sinne »zirkulär-kausal«. Bereits Gregory Bateson hat auf den »epistemologischen Irrtum« hingewiesen, dass ein Teil eines Systems einen anderen Teil beherrschen kann. Vielmehr stehen alle Teile in Wechselwirkungsprozessen und sind aufeinander bezogen. Genau an den Grenzen der verschiedenen Subsysteme entstehen dann die bekannten Konflikte, die zunächst einmal dazu dienen, sich von anderen zu unterscheiden und sich eine eigene Gruppenidentität zu geben.

Das Motiv der Zugehörigkeit

Dem Beobachter einer Organisation drängt sich manchmal die Frage auf, wieso sich Menschen auf Interaktionen einlassen, die teilweise sogar ihrem Wertesystem widersprechen. Die Synchronisation biologischer Organismen kann als eine Erklärung für diesen Prozess dienen. Darüber hinaus gibt es einen weiteres interessantes Phänomen in Organisationen, Gruppen und Subsystemen: den Wunsch der Mitglieder dieser Gebilde nach Zugehörigkeit zu mindestens einem Subsystem. Das Zugehörigkeitsmotiv ist sehr stark ausgeprägt, die wenigsten möchten in einem System gerne

Außenseiter sein und unterwerfen sich dann, wenn bereits Regeln innerhalb der Organisation gebildet wurden, sehr schnell diesen Regeln. Die impliziten, verdeckten Regeln werden nicht mehr reflektiert, Handlungsweisen und Kommunikationsformen vollziehen sich quasi automatisch.

Der Organisationseisberg

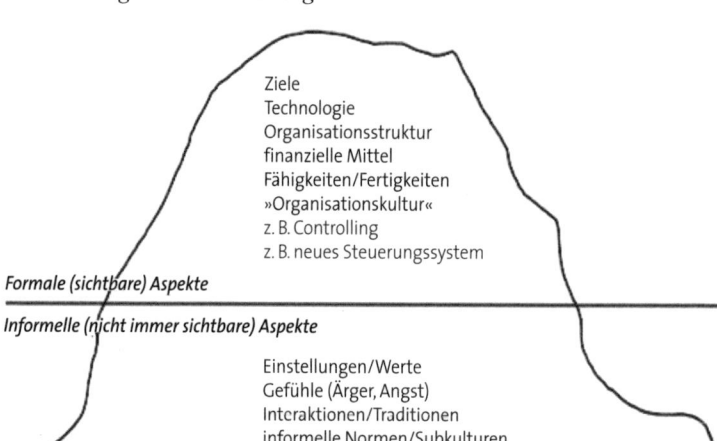

Ziele
Technologie
Organisationsstruktur
finanzielle Mittel
Fähigkeiten/Fertigkeiten
»Organisationskultur«
z. B. Controlling
z. B. neues Steuerungssystem

Formale (sichtbare) Aspekte

Informelle (nicht immer sichtbare) Aspekte

Einstellungen/Werte
Gefühle (Ärger, Angst)
Interaktionen/Traditionen
informelle Normen/Subkulturen

Abb. 5: Der Organisationseisberg (nach French u. Bell 1977, S. 33)

Organisationen bestehen aus zwei einander bedingenden Teilen: Beim Eisberg ist der geringste Teil (der über der Wasserlinie befindliche) direkt wahrnehmbar. Er besteht in einer Organisation in erster Linie aus den in der Unternehmensstrategie festgelegten Zielen, den erkennbaren Produktionsfaktoren (Personal, Kapital, Wissen) und der im Organigramm der Organisation erfassten hierarchischen Unter- und Überordnung. Der informelle (nicht immer sichtbare) Teil der Organisation befindet sich hingegen »unter der Wasserlinie« und macht die Basis aus. Dieser Teil ist nicht direkt wahrnehmbar, sondern muss über Ableitungen und Indikatoren erschlossen werden. Diese sind wiederum im höchsten Maße interpretationsabhängig und damit anfällig für Missverständnisse.

Wie wir sehen, sind die offiziellen Regeln nur der kleinste Teil des Gesamtregelwerkes, der weitaus größere Teil sind die informellen Regeln, die die Organisation im Laufe ihrer Entwicklung Stück für Stück kreiert hat. Diese informellen Regeln haben auch den Sinn, die offiziellen Regeln überhaupt erst lebbar zu machen. Das Informelle, das »unterhalb der Wasseroberfläche« liegt, trägt zum Erhalt der Stabilität der Organisation bei.

Prinzipien für eine gelungene Ordnung in Organisationen
Wie kann das kommunikative Zusammenspiel in Organisationen gelingen?

Systeme und damit auch Organisationen streben nach Gleichgewicht (Homöostase). Das Gleichgewicht ergibt sich aus den Gegensätzen Morphogenese und Morphostase, also aus der Veränderung und dem gleichzeitigen Bewahren. Wenn Krisen, meist ausgelöst durch die Veränderungen in der Umwelt, entstehen, auf die die Mitglieder der Organisation keine Antwort haben, entwickelt sich Verwirrung, Chaos und gegebenenfalls eine Neuorganisation der Struktur durch eine Veränderung der Interaktionsmuster.

Insa Sparrer (2000, S. 91 ff.) nennt wichtige Grundprinzipien für den Systemerhalt und für die Entwicklung von Organisationen:

Das Prinzip der Gleichwertigkeit der Zugehörigkeit: Alle Teile eines Systems sind gleichwertig in Bezug auf ihre Zugehörigkeit. Jedes Mitglied des Systems – der Organisation – hat ein Recht auf Zugehörigkeit, das so lange gilt, als dieses Mitglied sich für den Erhalt oder auch die Veränderung der Organisation einsetzt. Das Recht auf Zugehörigkeit kann dann verloren gehen, wenn zentrale Werte und Normen der Organisation verletzt oder nicht mehr akzeptiert werden. Probleme entstehen in einer Organisation auch dadurch, dass einzelnen Mitgliedern, die sich noch innerhalb der Werte und Normen bewegen, das Recht auf Zugehörigkeit abgesprochen wird. Bei gravierenden Konflikten in Organisation kann es schnell dazu kommen, dass einzelne Mitglieder oder einzelne Gruppen anderen das Recht auf Zugehörigkeit absprechen wollen. Da sie aber nur einen Teil der Gesamtorganisation darstellen, ist dieses Anliegen eine »Anmaßung« von Macht, die sich letztlich für das System nicht auszahlt. Werden Einzelne aus einem System ausgestoßen, kann es geschehen, dass andere ihnen nachfolgen oder die Regeln der Organisation in eine rigide Richtung verändert werden, was den Systemerhalt mittelfristig gefährdet. So finden wir in Schulen Subgruppen in Kollegien, die im Extremfall des Konfliktes anderen Gruppen die Zugehörigkeit absprechen wollen, mit der Folge, dass sich symmetrische Eskalationen in der Interaktion entwickeln und die Organisation blockiert ist. Auch bei Mobbingphänomenen unter Lehrern kann man die Tendenz beobachten, dem »Mobbingopfer« das Recht auf Zugehörigkeit abzusprechen. Ebenso gilt für Schulklassen: Solange ein Schüler nicht sein Recht auf Zugehörigkeit durch gravierende Regelverletzungen verwirkt hat, ist er Teil der Schule und der Klasse. Wenn diese Regel vom Lehrer eingeführt und offensiv vertreten wird, kann sie für die Konfliktklärung bei der Mobbingproblematik sehr nützlich sein. Also: Gleich, was ein Mitglied der Organisation denkt oder fühlt, es hat zunächst einmal ein Recht auf Zugehörigkeit.

Das Prinzip des Systemwachstums: Frühere haben Vorrang vor Späteren. Eine Aufgabe der Organisation liegt darin, ihr eigenes Wachstum zu sichern. Im Laufe der Zeit kommen immer wieder neue Mitglieder in die Organisation, die dort auch einen bestimmten Raum einnehmen sollen und können. Die älteren Mitglieder der Organisation müssen also in gewisser Weise Platz machen für die neuen. Die neuen Mitglieder würdigen den Raumverlust der älteren Mitglieder dadurch, dass sie deren »älteren Rechte« anerkennen. Gleichzeitig ist es aber wichtig, dass die älteren Mitglieder die neuen willkommen heißen, um das Wachstum des Systems in Gang zu halten. Wie wir nun aus Schulen wissen, gibt es in Bezug auf das Prinzip des Vorrangs der älteren Mitglieder diverse Verwerfungen: Ältere Kollegen werden für ihre Leistung, die sie für das System über die Jahre erbracht haben, nicht gewürdigt und wertgeschätzt, oder sie werden bei Veränderungen nicht genügend eingebunden, oder neuen Kollegen wird im System wenig Raum gegeben. Auf diese Weise behindert Schule also ihre Möglichkeit der Veränderung. Durch die Würdigung der Verdienste der älteren Kollegen und die bessere Eingliederung der neuen Kollegen in das System können enorme psychische Hygienefaktoren für die Organisation geschaffen werden.

Das Prinzip der Systemfortpflanzung: Neuere Systeme haben Vorrang vor den älteren. Die zwei Systemprinzipien Morphogenese und Morphostase werden als gleichrangig angesehen, und je nach situativen Bedingungen, denen die Organisation ausgesetzt ist, hat möglicherweise auch eines von ihnen für eine gewisse Zeit Vorrang, um schließlich wieder zurückzutreten. In diesem Sinne können neu hinzukommende Mitglieder der Organisation auch neue Impulse geben, die wesentlich und wichtig dafür sind, die Systemveränderung und damit den Systemerhalt zu sichern. Gleichzeitig muss die Organisation den neuen Mitgliedern auch Rahmen und Raum geben, damit sie in ihr wachsen können. Auch dies gelingt dann gut, wenn beide Seiten (Alt und Neu) bei allen Gegensätzen, die wichtig sind, einander würdigen und wertschätzen können.

Systemimmunisierung wird durch das Prinzip des Vorrangs des höheren Einsatzes gewährleistet. Einzelne Mitglieder in der Organisation erbringen unabhängig von ihrer Stellung in der offiziellen Hierarchie durch ihren engagierten Einsatz eine große Leistung zur Sicherung der Stabilität der Organisation. Die Stabilität der Organisation ist wichtig, damit sie sich in Krisensituationen neu formieren und regenerieren kann. Engagierte Mitglieder der Organisation sorgen mit dafür, dass diese Krisensituationen bewältigt werden. Wird nun ihr besonderer Einsatz für die Organisation zu wenig gewürdigt, verlieren sie ihr Engagement und ihre Motivation und setzen sich weniger für die Stabilisierung ein. In Kollegien findet man immer wieder Lehrer, die sich um wesentliche stabilisierende Aufgaben der Schule kümmern, ohne dass die Organisation dies bewusst wahrnimmt. Erst dann, wenn sie ausfallen, wird ihre besondere Leistung deutlich. Ein wichtiger Stabilisierungsfaktor ist es daher, wenn Schulleiter auch den Blick auf diejenigen im Kollegium richten, die durch ihren höheren Einsatz das System stabilisieren. Diese Kollegen müssen für ihren Einsatz gewürdigt werden. Der Vorrang des höheren Einsatzes gilt auch gegenüber den »älteren« und »jüngeren« Kollegen. Dann, wenn der Einsatz der älteren Kollegen für das System nicht mehr gegeben ist und die neuen Kollegen noch nicht wissen, was wirksam ist oder sogar wenig Motivation zeigen, haben diejenigen den Vorrang im System, deren Einsatz der größere ist. Nicht allein die Länge der Zugehörigkeit zur Organisation sichert also die Bedeutung des einzelnen Mitgliedes, sondern vor allem auch sein Einsatz für die Organisation.

Systemindividuation wird hergestellt durch das Prinzip des Leistungs- und Fähigkeitsvorrangs. Unter Verweis auf das Konzept der »bezogenen Individuation« kann man sagen, dass innerhalb einer Organisation der Einsatz für das System (Bezogenheit) gleichwertig ist der Individuation oder Entwicklung der Mitglieder. Die Individuation ist somit ein wichtiger Wachstums- und Veränderungsfaktor. Dies bedeutet auch, dass in einer Organisation die unterschiedlichen Fähigkeiten und Leistungen gesehen und anerkannt werden müssen. Diejenigen, die größere Leistungen und Fähigkeiten in das System einbringen, haben also Vorrang vor denjenigen, die geringe Leistungen und Fähigkeiten zeigen. Leistungen und Fähigkeiten sind wichtige Entwicklungsfaktoren für eine Organisation, da sie den Zugang zu Ressourcen ermöglichen. Eine Organisation, die diese Ressourcen bei ihren Mitgliedern nicht wertschätzt und abruft, vergibt enorme Entwicklungspotenziale.

Konfliktlösestrategien
Zur Auflösung von Konflikten, die sich aus organisationellen Verwerfungen ergeben, schlägt Gunthard Weber (2000) einige Strategien vor:

- das anerkennen, was ist – statt hadern und zaudern
- Würdigungen und Anerkennungen aussprechen, nicht abwerten und sich abwenden
- danken, nehmen, bitten statt fordern und verweigern
- Anerkennung von eigener Schuld und eigenem Unrecht statt Verleugnen und Verschieben der Schuld
- aufhören, sich in die Angelegenheiten anderer einzumischen, und Fremdes zurückgeben – statt Identifizierung und Übernahme von Schwerem
- sich aufrichten und in seine Würde gehen statt sich beschämt und wehmütig verdrücken

- sich verabschieden statt wortlos verschwinden
- sich aggressiv abgrenzen statt dulden
- vom angemaßten zum gemäßen Platz.

Die hier aufgeführten Prinzipien der gelungenen Ordnung in Organisationen haben sich in der Beratungspraxis für die Lösung von Konflikten als hilfreich erwiesen. Werden sie in den einzelnen Schulen besser berücksichtigt, so kommen sehr fruchtbare Prozesse in der Gesamtorganisation in Gang, die sich auch auf die direkte Interaktion zwischen Lehrern und Schülern auswirken. Auch kann man diese Prinzipien gut auf die Klassenorganisation übertragen. Mit ihnen haben Lehrer einen Wegweiser, der ihnen hilft, Konflikte besser einzuschätzen und Lösungen zu finden. Schwierig bleibt aber weiterhin die Einbindung der Organisation Schule in ein politisches und verwaltungstechnisches Umfeld, das sicherlich nicht nach diesen Ordnungsprinzipien organisiert ist. In der politischen und Verwaltungshierarchie, die Schulen übergeordnet ist, gelten andere Vorrangprinzipien, die andere Ziele verfolgen, als Lehrer dies in der Schule müssen. Das heißt nicht, dass diese Ziele schlechter sind, die Frage ist nur, ob sie funktional im Hinblick auf die pädagogischen Aufgaben von Schule wirken.

2.4 Dekonstruktion von Problemen in Unterricht und Beratung

Die Organisation Schule wird nicht nur durch Veränderungen ihrer gesellschaftlichen und politischen Umwelten beeinflusst, sondern auch durch die zugehörigen Lehrer und deren Subgruppenkulturen. Das undurchschaubare Geflecht von Wechselwirkungen in der Institution wird für den einzelnen Lehrer beeinflussbar, wenn er seine Aufmerksamkeit im Sinne der Kybernetik 2. Ordnung auf diejenigen Subsysteme richtet, denen er als »teilnehmender Beobachter« angehört. Das sind die Lerngruppen, in denen er unterrichtet, und Schüler und Eltern, die er berät. Seine interventive Aufgabe besteht aus systemischer Perspektive darin, Phänomene, die wie »harte Fakten« erscheinen, zu »verflüssigen«.

Entdinglichung von Diagnosen

Problematisches Verhalten von Schülern, das sich mit gewohnten pädagogischen Strategien nicht beeinflussen lässt, bekommt in der Schule – wie im medizinischen Modell – meist eine Diagnose: Der Schüler »hat« zum Beispiel eine »Verhaltensstörung«, eine »Konzentrationsstörung« oder eine »Angststörung«. Da es dagegen keine Pillen gibt, müssen die Diagnosen »entdinglicht« werden. Der Systemiker sucht das unsichtbare psychosoziale Netzwerk, in dem der Problemträger gefangen ist, aufzudecken und einige Knoten zu lösen.

Wenn man problematisches Verhalten in seinen räumlichen und zeitlichen psychosozialen Kontext stellt, »dekonstruiert« man die etikettierende Zuschreibung. Dabei sind auch die Erklärungen des Verhaltens durch die Eltern, die Lehrer und des Schülers selbst von Bedeutung. Der Systemiker lässt sich mit dem »zirkulären Fragen« (vgl. Tomm 1994; Simon u. Rech-Simon 1998) den Interaktionskreislauf im »Problemsystem« beschreiben. Dazu gehören zum einen alle, die an der Entstehung und Stabilisierung des Problems beteiligt sind, und zum andern alle, die über das Problem und seine Lösung miteinander sprechen.

Der Fragende führt räumliche (wo?, wo nicht?), zeitliche (wann?, wann nicht?, seit wann?, wie lange noch?) und soziale (mit wem?, mit wem nicht?) *Unterschiede* ein. Und er lässt sich die unterschiedlichen Erklärungen für das Auftreten des Problemverhaltens beschreiben. Erklärungen führen zu unterschiedlichen Handlungsschlussfolgerungen, zum Beispiel: Der Schüler ist »krank« und braucht einen Therapeuten, er ist »faul« und braucht »Schläge«, er will »provozieren« und braucht »Grenzen«, er ist »überfordert« und sollte eine Förderschule besuchen. Solche unterschiedlichen Interpretationen ein und desselben Verhaltens habe ich häufig erlebt. Der Systemiker nimmt sie zur Kenntnis und sucht diejenigen Personen, die am meisten Einfluss auf das Problemverhalten haben, für eine lösungsorientierte Kooperation zu gewinnen. Durch hypothetische Fragen wie »Angenommen, Sie würden XY denken und zukünftig tun, was würde dann geschehen?« werden neue Möglichkeiten eingeführt.

Lösungsorientierung
Der konsequente Lösungsfokus von Steve de Shazer (1989) hat das Handeln im systemischen Feld revolutioniert. Lösungsorientierung berücksichtigt die Tatsache, dass man, wenn man nur auf das Problem schaut, sehr bald in den emotionalen Sog der Problemenergie gerät. Alles wird schwierig und schwer, man fühlt sich sehr bald hilf- und hoffnungslos. Es ist also notwendig, die Aufmerksamkeit frühzeitig und immer wieder auf Ziele und Lösungsressourcen zu richten.

Aufmerksamkeitsfokussierung ist die wichtigste systemische Interventionsstrategie. Wenn das Problem klar definiert ist, sucht man nach »Ausnahmen« vom Problem und richtet die Aufmerksamkeit auf motivierende Ziele. Welche Fähigkeiten realisieren die Beteiligten dann? Woran werden sie merken, dass sie ihr Ziel erreicht haben? Wer die Wunderfrage beantwortet – »Angenommen, eine Fee zaubert, während Sie schlafen und ohne dass Sie es wissen, Ihr Problem weg, woran würden Sie das merken, woran würden es andere merken?« –, ist gezwungen, seine Lösungsrealität ganz konkret zu antizipieren. Die Anschlussfragen – »Wo auf einer Skala von 1 (stärkste Problemausprägung) bis 10 (Wunder) sind Sie jetzt? Was müssten Sie tun, um eine Stufe höher zu kommen?« – bahnen den konkreten Weg zum Ziel. Es handelt sich um zwei einfache Strategien, mit denen sich immer arbeiten lässt.

»Eine fürchterliche Klasse!« –
Lösungsorientierte Kommunikation im Klassenkollegium
Eine Klassenlehrerin berichtet in der Supervision, dass sich einige Kollegen über das »unmögliche Verhalten« ihrer Klasse beschweren. Sie selbst habe keine Probleme mit den Schülern, von den Kollegen jedoch habe sie den Auftrag, die Schüler zu disziplinieren, ein kaum realisierbarer, jedoch häufiger Auftrag an Klassenlehrer.

Beim gedanklichen Durchspielen dessen, was sie in der Situation tun könnte, ergibt sich, dass sie am besten das *ganze* Klassenkollegium zu einer Teambesprechung einlädt. Wie kann sie eine Spaltung in »gute« und »schlechte« Lehrer vermeiden und alle, auch wenn sie sich nicht besonders mögen, zur Zusammenarbeit bewegen? Sie wird sich vorher überlegen, was sie an jedem Kollegen wertschätzen kann. Der promovierte Chemielehrer zum Beispiel, der frontal über die Köpfe der »chaotischen« Schüler hinweg unterrichtet, ist ein sehr kompetenter Vertreter seines Fachs.

Folgender Ablauf der Teambesprechung wird festgelegt: Die Klassenlehrerin eröffnet die Sitzung, indem sie Anlass und Ziel benennt. Sie mache sich große Sorgen, weil ihre Klasse sich immer wieder sehr undiszipliniert verhalte. Dabei schildert sie keine Einzelheiten, denn jeder würde sich sofort fragen, bei welchem Kollegen das wohl geschieht. Man müsse deshalb gemeinsame »Wenn-dann-Regeln« vereinbaren und könne vorher schauen, was genau in der Klasse *gut funktioniert*. Dabei könnten die jungen Kollegen von der Erfahrung der älteren Lehrer profitieren, diese wiederum von den neueren fachdidaktischen Kenntnissen der jüngeren. Die Berichte der Kollegen darüber, mit welchen Unterrichtsformen und Erziehungsmaßnahmen sie in der Klasse gut zurechtkommen und wie sie sich das erklären, sind hilfreiche Anregungen für alle. Danach wird die Lehrerin zum Beitrag der Lehrer an der derzeitigen Situation überleiten: Es wäre für alle auch interessant zu wissen, was *nicht funktioniert*. Welche eigenen Angebote haben nicht die erwünschten Auswirkungen? Was sollte man in dieser Klasse zurzeit besser *unterlassen?* Wenn die Klassenlehrerin mit ihren eigenen Fehlversuchen beginnt, werden auch die anderen ermutigt, ihre Misserfolge zu schildern. Alle Kollegen nehmen aus einer solchen Runde viele Informationen mit. Mit der Vereinbarung von Regeln und Sanktionen bei Regelverstößen am Ende der Besprechung wird das Wir-Gefühl des Klassenkollegiums gestärkt und den Schülern ein klarer Verhaltensrahmen gegeben.

Rahmenbedingungen und Konflikte im Unterricht

Schüler benötigen, um ohne Angst lernen zu können, einen Lernrahmen, der kognitiv und emotional Sicherheit gibt. Der Lehrer übernimmt seine Leitungsaufgabe, indem er nicht nur eine gute Beziehung mit den Schülern herstellt, sondern ihnen auch eine klare Orientierung für die jeweiligen Lernaufgaben und -ziele gibt. »Gute Beziehung« zwischen Lehrern und Schülern heißt nicht »nett sein«, sondern freundliche Zuwendung und Interesse für jeden Schüler. Wertschätzung erfährt die Person des Schülers, nicht sein Verhalten. Die Schüler sollten verinnerlichen können, dass keiner vor der Klasse bloßgestellt wird und dass jeder die nötige Unterstützung beim Lernen bekommt – soweit das in den meist zu großen Lerngruppen möglich ist.

Individuell fördern und fordern

Individuell zu fördern heißt, die natürliche Lernfreude von Kindern und Jugendlichen zu nutzen oder wiederzubeleben, indem man sie ermutigt und ihnen Lernerfolge ermöglicht. Jeder Lehrer kennt nach einer Weile die Stärken und Schwächen der Schüler in seinem Fach. Sein besonderes Augenmerk richtet sich auf die Identifizierung der Schwächen, damit er den Schülern konkrete Hinweise geben kann, wie sie ihren Wissenserwerb verbessern können. Klares Einfordern und konkrete Vereinbarungen geben den Schülern Mitverantwortung für ihren Lernerfolg.

Die gesetzliche Verpflichtung zur »individuellen Förderung« in Nordrhein-Westfalen hat viele Kollegien dazu angeregt, neue pädagogische Konzepte zu entwickeln und ins Internet zu stellen.

Konflikte mit Klassen lösen

Immer wieder mal wird es geschehen, dass man sich als Lehrer mit einer Klasse oder einigen Schülern »emotional verstrickt«. Man ärgert sich längere Zeit über das Verhalten der Schüler und hat nur noch wenig Lust, in »dieser Klasse« zu unterrichten. Um die negative Einstellung zur Lerngruppe nicht zu vertiefen, hat man zunächst als Lehrer die Verantwortung dafür, das »Muster zu unterbrechen«. Zu Hause kann man sich emotionale Distanz verschaffen, zum Beispiel, indem man sich jede einzelne Schülerpersönlichkeit mit ihren positiven Eigenschaften vor Augen führt oder indem man sich an gute Unterrichtsphasen erinnert.

Die unerfreuliche Situation lässt sich auch mit der Lerngruppe besprechen. Man teilt den Schülern die eigene Unzufriedenheit mit, die negativen Auswirkungen auf alle und den persönlichen Wunsch, dass das Klassenklima wieder besser wird. Man kriege das aber nicht alleine hin, sondern brauche die Mithilfe der Schüler und fragt, welche Ideen sie hätten. Erfahrungsgemäß sind Schüler, in dieser Weise ernst genommen, sehr kooperativ und kreativ bei der Konfliktlösung. Man kann auch zu diesem Zweck die Klasse zirkulär befragen.

Zirkuläres Fragen bei einem Klassenkonflikt
Der Lehrer schildert in der Klassenstunde seine Unzufriedenheit mit dem derzeitigen Klassenklima oder beschreibt den Konflikt mit einigen Schülern. Auch sie alle würden vermutlich im Grunde damit nicht zufrieden sein, insbesondere, weil sie dadurch kaum zu guten Prüfungsergebnissen kommen könnten. Man schildert, wie es in der Klasse schon einmal viel besser gelaufen ist. In letzter Zeit habe man selbst schon XYZ ohne Erfolg versucht, alleine könne man da nichts mehr bewirken, denn alle seien an der derzeitigen Situation auf irgendeine Weise beteiligt.

Man überlegt sich vorher die Subgruppen, zum Beispiel die »Haupttäter« und die »Opfer«, welche sich mehr Ruhe und Konzentration wünschen, usf. Man kennzeichnet in der Klassenrunde die Subgruppen, beschreibt ihr Verhalten und fragt, ob man alle erfasst hat. Dann stellt man – der ganzen Klasse oder den Vertretern im Rollenspiel – »ungewöhnliche« Fragen zum Interaktionszirkel, zu den Auswirkungen und den jeweiligen »positiven Absichten« für die Klasse. Die »Störer« zum Beispiel sorgen für »Unterhaltung« und »Erholungspausen«. Und man stellt hypothetische Fragen: »Angenommen, A, B, C würde X, Y oder Z tun, wie würde sich das auswirken? Was, glaubst du, denkt sich A, B, C bei dem, was er macht? Angenommen, ich würde X, Y, oder Z tun usf.? Was, meint ihr, beabsichtige ich, wenn ich Z mache? Wie geht es den Schülern, die mein Z trifft, wie den anderen? Erfahrungsgemäß finden Schüler solche Runden sehr spannend. Keiner bekommt die Schuld an der Situation, die wechselseitige Bedingtheit kommt zutage und verändert das Denken von allen. Das allein kann schon genügen. Oder man bespricht konkrete Lösungen, auf die sich die Klasse und der Lehrer einigen, und trifft Wenn-dann-Vereinbarungen bei Verstößen dagegen.

Eine zirkuläre Befragung der ganzen Klasse oder im Rollenspiel ist etwa ab der 8. Jahrgangstufe möglich. Die Rolle der »Protagonisten« kann jeder übernehmen. Vielleicht wollen auch »Brave« gerne mal den »Störenfried« spielen. Sie werden im Fishbowl befragt, während der Außenkreis zuhört. Das zirkuläre Fragen ist nur ein Spiel, das Spaß macht – und das dennoch faktische Auswirkungen hat.

Schülerprobleme
Prüfungs- und soziale Ängste, fehlende Motivation und disziplinloses Verhalten im Unterricht sowie die Integration von Au-
ßenseitern sind die häufigsten Probleme in der schulischen Beratung.

»Mangelnde Anstrengungsbereitschaft« von Schülern
Eine besondere Hausforderung für Lehrer, geradezu ein Ärgernis
sind die »faulen« Schüler mit ihrer »mangelnden Anstrengungsbereitschaft«. Als Konstruktivist fragt man, welchen Sinn die Feststellung »Er ist halt faul« für die Eltern, die Lehrer und den Schüler hat.

Nach Birgit Hallerbach, Beratungslehrerin und Jahrgangsstu-
fenleiterin an einem Kölner Gymnasium, ist für Eltern eine solche
Erklärung weniger ängstigend als die Wahrnehmung »Mein Kind
hat möglicherweise Lernschwierigkeiten«. Die Vorstellung »Er
könnte, wenn er wollte« schütze Eltern vor der Sorge, dass der
Schulerfolg ihres Kindes ernstlich gefährdet sein könnte. Für Lehrer sei es manchmal schwer zu akzeptieren, dass sie Schüler nicht
zum Lernen motivieren können. Die Formulierung »Er ist halt
faul« als »resignativ abwertendes Pauschalurteil« könne vor dem
Gefühl, persönlich zu versagen, schützen. Wenn Schüler feststellen, dass sie, obwohl sie bewusst Zeit, Kraft und Mühe investiert
haben, weniger Erfolg haben als ihre Klassenkameraden, könne
die Bemerkung »Ich bin halt faul« als »Frustschutz« kaum hoch
genug eingeschätzt werden. Bei Facebook ist die Zugehörigkeit zu
den »Mega-Chillern« geradezu eine Auszeichnung. Dort gibt es
allerdings auch eine Plattform für »bekennende Streber«. Hallerbach (2011) beschreibt in ihrem Traum von der Abschaffung des
Konstrukts »der faule Schüler« konkrete Wege aus der »Faulheit«.

Disziplinloses Verhalten im Unterricht
Dafür gibt es oft einen familiären Kontext, wie folgendes Beispiel
zeigt.

*»Ein Tanz auf dem Vulkan« – Der soziale Kontext von störendem
Verhalten:* Eine Klassenlehrerin berichtet in der Supervision von
dem 13-jährigen Justus, der wegen seines nicht beeinflussbaren
»schlimmen« Verhaltens kurz vor dem Schulausschluss steht.

Im Rollenspiel wird die Familie befragt. Die Lehrerin hat die Rolle von Justus übernommen.

Die Mutter wirkt abwesend und unbeteiligt, auch Justus' Aufenthalt im Internat habe nichts verändert. Der in der eigenen Firma arbeitende Vater berichtet, dass der Junge den Nachmittag bei ihm im Büro verbringe, er überwache die Hausaufgaben. Die jüngere Schwester bemerkt klaglos, dass keiner sich mit ihr beschäftige, alle Gespräche der Eltern drehten sich um den Bruder. Justus sagt, dass ihm seine Aktionen Spaß machten, es komme einfach so über ihn. Auf die Frage, ob er Freunde habe, mit wem er sich verbunden fühle, sagt er »mit niemandem«, er sei »ganz allein«. Bei dem Gespräch entwickelt sich eine Atmosphäre von Schwere und emotionaler Kälte. Nur Justus zeigt anfangs noch Lebendigkeit, die jedoch auch immer mehr zurückgeht. Im Rollenfeedback teilen die Eltern mit, dass sie sich sehr nervös und unruhig gefühlt haben. Die Bemerkung, dass unter einer dicken Kruste ein Vulkan schwele, der in Justus' Umtrieben zum Ausbruch kommt, finden alle passend.

Was kann man mit den Einblicken anfangen? Justus' Verhalten hat eine wichtige, die Eltern zueinander in Beziehung bringende Funktion (»Konfliktumleitung«). In der nächsten Schule wird er sich vermutlich in gleicher Weise verhalten, wenn sich in der Familie nichts ändert. Die Lehrerin wird in regelmäßigen kurzen Gesprächen den guten Kontakt zu Justus halten. Sie wird die Eltern respektvoll mit ihren Hypothesen konfrontieren und Wege aus der Sackgasse aufzeigen. Vielleicht wird die »neue Information« die Eltern dazu bringen, professionelle Hilfe in Anspruch zu nehmen. Und vielleicht werden die Kollegen, allgemein über eingeleitete Maßnahmen informiert, Justus noch eine Chance an der Schule geben. Inzwischen macht Justus ein Antiaggressionstraining. Ob das allein schon ausreicht, wird sich zeigen.

Ängste von Schülern

Prüfungsblockaden und Prüfungsängste lassen sich relativ einfach auflösen. Weniger leicht, dennoch möglich ist auch die Bewältigung von sozialen Ängsten. Wenn Schüler es nicht wagen, sich am Unterrichtsgespräch zu beteiligen, schlägt sich das bis zu 50 % in ihrer Note nieder. Sie sind für einen längeren Beratungsprozess hoch motiviert (zu Methoden vgl. Hubrig u. Hermann 2005).

Die Struktur einer Schülerberatungsstunde

Lehrer sind durch die Schulgesetzgebung nicht nur zur fachlichen, sondern auch zur psychosozialen Beratung verpflichtet. Statt von »Beratung« spricht man besser von »Coaching« oder »mentalem Training«, denn diese Begriffe kennen Jugendliche vom Sport. Wie die Fußballnationalspieler »gecoacht« zu werden ist akzeptabel. Lösungsorientiertes Coaching ist eine Kurzzeitform von Beratung, das Ziel ist Effizienz mit minimalem Zeitaufwand. Das unterscheidet systemische Beratung in der Schule von dem, was man sich gemeinhin unter »Therapie« vorstellt.

Überweisung an den Beratungslehrer

Auch bei guten Rahmenbedingungen kann es immer wieder vorkommen, dass ein Schüler den Unterricht massiv stört. Sollte das Gespräch mit dem Klassenlehrer nichts bewirken, kann der Schüler an den Beratungslehrer oder den Sozialarbeiter überwiesen werden mit der Botschaft: Ihm stehe bald eine Disziplinarkonferenz oder eine Lehrerkonferenz bevor, die ihm den Schulverweis androhen kann; der Beratungslehrer jedoch könne ihm helfen, sein Verhalten besser zu kontrollieren, sodass er sich nicht vor dem gesamten Lehrerkollegium dafür verantworten müsse.

Der Ablauf eines Beratungsgesprächs ist klar strukturiert.

Kontakt: Ohne eine gute Beziehung und ohne Zusicherung der Vertraulichkeit des Gesprächs kann man wenig bewirken.

Problemdefinition: »Was genau ist dein Problem?« Bei Prüfungsängsten liegt es auf der Hand. Doch bei anderen Schwierigkeiten kann es dauern, bis der Schüler einsieht, dass er ein Problem hat, das er selbst lösen muss. Deshalb ermittelt man zunächst die Motive: »Welche *guten Gründe* (keine Warum-Fragen) hast du für das XY-Verhalten (den Unterricht stören, klauen, Drogen nehmen etc.)?« Bei Jugendlichen spielt meistens die Peergroup die Hauptrolle, bei Kindern auch die Familiensituation. »Was ändert sich für dich, wenn du XY machst? Welche Nachteile hast du, wenn du damit fortfährst?«

Zieldefinition: »Angenommen, du würdest XY aufgeben, was könnte dir das bringen? Ist das für dich ein attraktives Ziel? Mit welchen akzeptablen Mitteln könntest du es erreichen?«

Die Bestimmung eines realistischen Ziels ist oft nicht einfach, denn die meisten Menschen meinen zunächst, dass die anderen sich ändern müssten. Im Beratungskontext darauf hingewiesen, dass das unmöglich sei, sagen sie, was sie nicht mehr erleben wollen, zum Beispiel »keine Angst«, »keinen Ärger«. Da das emotionale Gehirn den Inhalt der Wörter, nicht die Negation repräsentiert, handelt es sich dabei um keine attraktiven Ziele. Deshalb schließt an eine negative Zielformulierung die Frage an: »Was ist dann stattdessen da?«

Zielerreichungskriterien: »Woran würdest du merken, dass du das Ziel erreicht hast?« Man lässt das Erwünschte in der Vorstellung erleben oder setzt de Shazers »Wunderfrage« ein.

Motivationsprüfung und Auftragsklärung: »Sollen wir daran arbeiten? Du hast alle Fähigkeiten, um dein Ziel zu erreichen. Ich helfe dir, sie besser einzusetzen. Deine Lehrer, Eltern, Klassenkameraden können wir nicht verändern. Du *selbst* jedoch könntest dich *anders* verhalten, es wäre doch interessant zu beobachten, wie die andern darauf reagieren.« Nur wenn der Schüler selbst etwas ändern und nicht nur sich über andere beklagen möchte, hat es Sinn, mit ihm zu arbeiten.

Problemdekonstruktion: Unlösbare Probleme müssen in lösbare umkonstruiert werden. »Was tun andere (Lehrer, Eltern, Mitschüler), wenn du XY tust?« Der Interaktionskreislauf wird ermittelt. Die konstruktivistische Leitfrage des Beratenden ist: »Wie kriegst du dein Problem hin? Das schafft nicht jeder so gut wie du.« (Auch problematische Verhaltensweisen sind Fähigkeiten.) Und, je nach Problem: »... in der Prüfung nicht mehr zu wissen, was du gelernt hast«, »... im Unterricht nicht zu sagen, was du weißt«, »... zum Sündenbock in der Klasse zu werden«. Diese ungewohnte Frage ist für Schüler interessant, sie lassen sich nach meiner Erfahrung gerne auf die Suche nach Antworten ein.

Setting: Man arbeitet in der Folgezeit mit der Person, die am stärksten für eine Veränderung motiviert ist. Verändert sich nur eine Person des Problemsystems, hat das Auswirkungen aufs Ganze.

Einsatz spezieller Interventionsmethoden: Aus der »Dekonstruktion« des Problems ergeben sich passende Interventionen. Im Rahmen der systemischen Haltungen können Methoden unterschiedlicher Beratungsrichtungen eingesetzt werden.

Hausaufgabe: Man macht Vorschläge (gibt keine Ratschläge) und erzählt Geschichten, wie andere ein ähnliches Problem gelöst haben. Der Schüler prüft »mit dem Bauch«, was zu ihm passt. Mögliche Folgen werden vorweggenommen und Strategien, damit umzugehen, besprochen. Eine Hausaufgabe wird vereinbart, damit ein *erster konkreter Schritt in ein neues Verhaltensmuster* gemacht wird. Denn positive Erfahrungen in der Beratung sind nur dann nachhaltig, wenn sie zu verändertem Verhalten in der Realität führen.

Sehr wichtig ist es, die anderen Lehrer allgemein über die Veränderungsbereitschaft des Schülers zu informieren, damit sie Entwicklungen im Unterricht bemerken und verstärken.

Erfolgsprüfung: Zu Beginn der nächsten Beratungsstunde werden eigene Verhaltensänderungen und die von anderen (mit W-Fragen, nicht mit Ja/Nein-Fragen!) ermittelt. Es geschehen selten Wunder, neues Verhalten zu erlernen ist ein längerer Prozess. Auch ganz minimale Veränderungen sind »selbst geschaffte« Erfolge, die entsprechend gewürdigt werden sollten. Die Anerkennung durch den Berater löst positive Gefühle aus, eine Voraussetzung dafür, dass das Gelernte ins Langzeitgedächtnis kommt. Wenn ein Schüler seine Hausaufgabe nicht umgesetzt hat, ermittelt man die Gründe für den »Widerstand«, damit man die nötigen Informationen für weitere Interventionen und Aufgaben bekommt.

Rollenklärung: Eine besonders wichtige Aufgabe für Lehrer ist es, den Unterschied zwischen der *Lehrerrolle* und der *Beraterrolle* deutlich zu machen: In der Beratung sei er auf die Mithilfe des Schülers angewiesen, sie seien Partner bei der Problemlösung; die Tatsache, dass er ihn im Unterschied zu den Klassenkameraden besonders unterstütze, habe keinen Einfluss auf den Unterricht und die Notengebung.

Auf diese Weise können Lehrer ihren Aufgaben bei Schülern, die sie sowohl unterrichten als auch beraten, angemessen nachkommen.

Beratung von Eltern

Lehrer sind es gewohnt, Schüler zu unterstützen, Einzelförderung ist ihre Aufgabe, und sie machen das in der Regel gerne. Bei der Beratung von Eltern können Vorurteile mitschwingen, es kann die Tendenz zur gegenseitigen Schuldzuweisung auftreten. Von manchen Eltern werden Lehrer aggressiv attackiert. Hier ist zunächst Beziehungsklärung notwendig: »Wir können Ihrem Kind nicht weiterhelfen – und das wollen wir doch beide –, wenn wir uns bekriegen.«

Natürlich haben die Schulprobleme der Kinder auch mit der Erziehung in der Familie zu tun. Im Kontakt zeigt der Lehrer Verständnis für die Sorgen der Eltern. Er erfragt und wertschätzt ihre bisherigen Lösungsversuche, bevor er sie zu weiteren Möglichkeiten anregt. Manche Eltern haben schon lange nicht mehr so viel persönliche Zuwendung bei einem Problem erlebt, ein Verständnis, das sie hoffnungsvoll stimmt. Die Botschaft »Sie sind der beste Helfer für Ihr Kind, Sie haben den größten Einfluss auf Ihr Kind« stärkt die Eltern. Der Lehrer sagt, was er tun kann und wird, und »supervidiert« in der Folge, in gemeinsamer Sorge um den Schüler, die vereinbarten erzieherischen Maßnahmen der Eltern. »Abwesende Väter« in getrennten Familien können als »Helfer« gewonnen werden, wenn sie wissen, was sie für ihr Kind konkret *tun* können.

Die Schulfähigkeit einer Schülerin

Eine Lehrerin hat eine sehr leistungsorientierte, hochbegabte 18-jährige Schülerin, die magersüchtig ist, sie wiegt mit ihren Einmetersiebzig nur noch 38 Kilogramm. Gespräche mit der Mutter haben ergeben, dass ihre Tochter an einer entwicklungsbedingten »Hormonstörung« leide, die seit einem halben Jahr ärztlich behandelt werde – voraussichtlich bald mit Erfolg. Es sei sehr wichtig, dass die Tochter weiterhin normal am Unterricht teilnehme. Die Sportlehrerin hat ein ärztliches Attest, dass das Mädchen am Sportunterricht teilnehmen kann, eingefordert und bekommen. Im Gespräch mit der besorgten Klassenlehrerin sagt das Mädchen mit Tränen in den Augen, dass es ihr doch gut gehe. Sie erziele gute Leistungen und sei auch sportlich fit. Die besorgten Blicke und Fragen sei sie leid. Die Lehrerin konfrontiert das Mädchen mit der Realität: Sie habe sie sehr gern und wolle nicht in drei Monaten an ihrem Grab stehen. Damit kann sie die Schülerin erreichen.

Die Befürchtung, dass ein ohnehin schwer belasteter Menschen zu schwach sei für Wahrheiten, ist unbegründet. Im Gegenteil, wer ein schweres Problem lange aushält, zeigt besondere Stärke. Nicht gut gemeintes Schonen, sondern authentisches Aussprechen dessen, was man wahrnimmt und befürchtet, stellt menschlichen Kontakt her.

Doch was kann in der Schule in dem Fall getan werden? Eingreifen in der Situation kann der Schulleiter, denn in seiner Schule muss das körperliche und seelische Wohlergehen der Schüler sichergestellt sein. Er kann die Eltern einladen und ihnen seine Verantwortung mitteilen. Er brauche baldmöglichst ein Gutachten vom Amtsarzt, dass das Mädchen schulfähig sei, andernfalls müsse er das Jugendamt einschalten. Auf Nachfrage kann er den Eltern Hinweise auf professionelle Hilfen geben.

Kooperation mit außerschulischen Beratern

Wenn es in der Schule keine Beratungslehrer gibt oder sie überfordert sind, werden Schüler an Beratungsstellen oder Therapeuten überwiesen. In der Supervision von externen Beratern lässt sich oft beobachten, dass die Kooperation mit den Lehrern nicht funktioniert. Dabei spielen unrealistische Erwartungen auf beiden Seiten, Vorurteile und Mangel an Zeit für Gespräche eine Rolle. Im Interesse der Schüler wäre es wünschenswert, dass Lehrer und externe Berater in gegenseitiger Wertschätzung ihre Ziele und Fördermöglichkeiten abstimmten.

Handlungsaufträge in der Schule

Lehrer haben in ihren Arbeitsfeldern unterschiedliche Rollen und Aufträge. Im Unterricht müssen sie für einen funktionalen Arbeitsrahmen sorgen. Wenn sich das gesamte Klassenkollegium mit den Schülern auf Regeln und Sanktionen einigt, hat jeder sowohl von den Kollegen als auch von den Schülern den Auftrag, für ihre Einhaltung zu sorgen. Bei psychosozialen Problemen ist Beratung nötig. Hierzu muss sich der Lehrer einen Arbeitsauftrag holen. Versucht er, spontan und »gut gemeint« die Probleme von anderen zu lösen, dann bekommt er als »hilfloser Helfer« bald selbst ein unlösbares Problem. Wenn man ein neues Projekt in der Schule realisieren möchte, braucht man den Umsetzungsauftrag des Schulleiters und des Kollegiums.

In allen schulischen Subsystemen geht es um eine kooperative Haltung der Beteiligten. Andere kann man nicht zwingen, die eigenen Intentionen gut zu finden, man kann dafür nur werben, zur Kooperation einladen und explizite Aufträge einholen. Man gewinnt andere am ehesten, wenn man ihre psychischen Grundbedürfnisse (Selbstbestimmung, Beziehung und Wertschätzung) berücksichtigt.

2.5 Beziehungen in der Schule

Nach Auffassung des Kölner Pädagogen Kersten Reich krankt das deutsche Schulsystem an »zu viel Stoff, zu wenig guten Beziehungen, zu viel Selektion« (2011). Dies betrifft die Lehrpläne, die Interaktion und das frühe Tracking im deutschen Schulsystem.

Systemische Schulpädagogik rückt die Beziehungsebene in den Mittelpunkt.

Lehrerprobleme

In sehr vielen Schulen gilt der Grundsatz: »Ein guter Lehrer hat keine Probleme«.

Wolfgang Schneider (2012), seit über 20 Jahren Lehrer in der Sekundarstufe, schreibt dazu:

> »Schwierigkeiten mit Schülern/Klassen zu haben hat in den meisten Schulen keinen Raum. Sie werden nicht als ein normaler Teil des Arbeitslebens, als eine der zu bewältigenden Aufgaben wahrgenommen, sondern als persönliches Versagen, Inkompetenz oder Charakterschwäche etc. verstanden und interpretiert.
>
> Die Aussage, ein Kollege sei nicht für den Beruf geeignet, wird oft vorschnell geäußert. Die Angst vor einer Stigmatisierung lässt viele Lehrer in stiller Verzweiflung schweigen. Eingeständnisse, mit den eigenen Kompetenzen einer schulischen Situation nicht gerecht zu werden, sind so kaum möglich, und ein sinnvolles Zusammenarbeiten mit Kollegen im Sinne eines Profitierens von unterschiedlichen Kompetenzen und Erfahrungen bleibt ungelebt.

Eigene Erfahrungen an unterschiedlichen Schulen und Berichte aus dem Freundeskreis, in dem die nötige Offenheit besteht, zeigen dieses Bild: Auf Äußerungen, Situationen nicht bewältigen zu können, folgt nicht etwa eine Reaktion von Unterstützung und Verständnis, sondern eine Abkehr. Die Hälfte der Kollegen schweigt, die andere Hälfte verdreht die Augen.

Für Lehrer scheint es also verhältnismäßig normal zu sein, die eigenen Kompetenzen und Fähigkeiten als auch diejenigen der Kollegen in erheblichem Maße anzuzweifeln. Damit stellen Sie sich natürlich auch in der Öffentlichkeit eher als Problemignorierer und -verschweiger dar denn als eine konstruktiv an klaren Lösungen arbeitende Gemeinschaft.«

Wie kann diese Form der Kommunikation erklärt werden?

»Lehrer arbeiten stets allein. Kollegen sind sie nur im Lehrerzimmer, nicht aber in der Unterrichtssituation. Das bedeutet, zu eventuellen Problemen muss eine Lösung zunächst allein gefunden werden. Möglichkeiten des Umgangs mit Schwierigkeiten sind oft nur unzureichend geklärt. An den Schulen gibt es oft keine klaren Übereinkünfte, welches Fehlverhalten zu welchen Maßnahmen führt und was geschieht, wenn diese Maßnahmen nichts fruchten. Hier fehlen klare Maßnahmenkaskaden, die von der Ermahnung bis zum Schulverweis ausformuliert sind und von der Schulleitung getragen werden.

Besteht Unsicherheit darüber, Konflikte mit Schülern zu gewinnen, werden solche Konflikte möglicherweise eher vermieden, als wenn Sicherheit besteht. Also aushalten und nicht darüber sprechen. Je mehr Angst im Kollegium herrscht, desto höher ist die Schwelle, individuelle Ängste und Sorgen einzuräumen. Eventuell möchten die Kollegen nicht an die eigenen Schwächen/Ängste erinnert werden und reagieren deshalb mit intensiver Ablehnung.«

Das Resümee von Schneider lautet:

»Es fehlt eine Kultur, in der es als normal und menschlich angesehen wird, in schwierigen Situationen nicht richtig gehandelt zu haben und nicht erfolgreich gewesen zu sein. Offenheit und Verständnis sind die wichtigsten Voraussetzungen. Fehler zu machen ist normal und gehört zum Berufsbild Lehrer, da Menschen mit Menschen arbeiten. Die komplexen Variablen in der Interaktion mit den Schülern machen Fehler unvermeidlich. Die wichtigste Schaltstelle für die Schaffung einer solchen Kultur ist die Schulleitung.«

Alltagskonflikte aus systemischer Perspektive

Konflikte zwischen Eltern und Lehrern, Schulleitern und Lehrern, Lehrern und Schülern lassen sich im systemischen Organisationsverständnis erklären. Sie entstehen durch *fehlende Grenzen* zwischen Subsystemen, welche unterschiedliche Aufgaben haben, sowie durch *unklare Grenzen* zwischen einer Schule und ihrer Umwelt.

Viele Eltern treibt die Sorge um den Schulabschluss ihrer Kinder in die Schule. Stimmen die Noten nicht, machen manche die Lehrer dafür verantwortlich: Sie sollen sich für ihre Leistungsbewertung rechtfertigen.

> »›Wir beobachten die gestiegene Gewaltbereitschaft [von Eltern] Lehrern gegenüber seit Jahren‹, stellt die Landesvorsitzende des Verbandes Bildung und Erziehung fest. ›An Gymnasien gibt es eher verbale Gewalt. Und wer sich nicht mit Worten ausdrücken kann, nimmt die Fäuste‹« (FOCUS 2008).

Manche Eltern möchten am liebsten in den Unterricht »hineinregieren«. Der didaktische Leiter einer Gesamtschule im Aufbau schilderte mir das große Engagement der Gründergeneration »seiner« Eltern: Sie wollen natürlich für das Gelingen ihres geistigen Kindes Gesamtschule und für das Wohlergehen ihrer Kinder darin sorgen, tun dies aber, indem sie sich auf verschiedenen Wegen »hintenherum« über Unterricht und Klassenführung von Lehrern beschweren. Das erzeugt bei den Lehrern Verunsicherung und Angst, es handelt sich um eine verwirrende Grenzüberschreitung durch die Eltern. Denn für den Unterricht sind die Lehrer mit ihrer beruflichen Kompetenz verantwortlich. Hinsichtlich der pädagogischen Interaktionen ist Schule ein »geschlossenes System«. Konflikte zwischen Lehrern und Eltern zu moderieren gehört zum Aufgabenbereich der Schulleitung. Eltern haben zwar in den Schulgremien Mitbestimmungsrechte, die Ausführung der Beschlüsse jedoch liegt in der Zuständigkeit der Lehrer. Die Schulleitung muss in diesem Fall für eine klare Grenzziehung und Konfliktklärung zu sorgen.

Eltern und Lehrer haben die gemeinsame Aufgabe, ihre Kinder bzw. Schüler so zu erziehen, dass sie in der Schule lernen können. Doch manche Eltern durchkreuzen dies: Sie begleichen »alte Rechnungen« aus ihrer Schulzeit, indem sie ihre Kinder in der Opposition gegen Lehrer unterstützen. Diese müssen dann mit Schülern, die in dieser Weise bestärkt werden, einen nervenaufreibenden Kleinkrieg um angemessenes Verhalten im Unterricht führen. Manche Lehrer solidarisieren sich mit Schülern oder Eltern gegen einen Kollegen, der dann geringe Chancen für seine Unterrichtsführung hat. Manche Schulleiter überlassen in zu starrer Grenzziehung zum »operativen Geschäft« unfähigen Lehrern gänzlich ihr Unterrichtsfeld.

Wenn Lehrer – sozusagen im Anschluss an obrigkeitsstaatliche Traditionen – meinen, den Unterrichts- und Erziehungsauftrag über Macht umsetzen zu können, dann erliegen sie der »Illusion« der Kontrollierbarkeit psychischer und sozialer Systeme. Viele Lehrer erschöpfen sich bei dem Bemühen, Schüler vorrangig zu disziplinieren und durch Bestrafung zum Lernen zu bringen (Arnold 2007). Sie müssen sich dabei mit vielen Widerständen herumschlagen und übersehen ihre eigenen Grenzen.

Die beschriebenen Konflikte kosten Schulleiter, Lehrer und Eltern viel Kraft. Sie bestehen fort, wenn die Beteiligten sich nicht auf ihre jeweiligen Verantwortlichkeiten besinnen.

2.6 Ressourcen- und lösungsorientiertes Kommunizieren

Systemisch-lösungsorientiertes Handeln in der Schule macht die Arbeit spürbar leichter, der Stress wird geringer, Erschöpfung tritt seltener ein. Wie ist das zu erklären? Wie funktioniert das im Alltag? Dazu gibt es ein paar einfache Regeln, sie gründen auf der Tatsache, dass jeder Lehrer reflektieren und auf die »Botschaften seines Körpers« hören kann.

Die Zielkriterien des Beobachters
In der Kommunikation kann man sich an drei Zielkriterien orientieren: der positiven zwischenmenschlichen Beziehung, den Lösungsfähigkeiten der Beteiligten und der eigenen kognitiv-emotionalen Distanz zum Problem. Die Zielwerte bilden sozusagen die »Kontrollparameter« für die Gestaltung der Kommunikation. Abweichungen davon sind handlungsrelevante »Informationen«, das heißt, man verändert selbst etwas, um sich den Zielwerten wieder anzunähern.

»Informieren«

Was im jeweiligen Moment der Kommunikation für den anderen eine »Information« ist, kann man nur mit seinen Sinneskanälen wahrnehmen. Sensorisch aufmerksame Bewusstheit ist jedoch kein stabiler Wahrnehmungszustand. Affekte, welche in jeder Interaktion auftreten, destabilisieren die Fähigkeit zum distanzierten Beobachten: Der Beobachter verstrickt sich emotional. Dies »meldet« ihm untrüglich und schnell sein Körper durch Anzeichen von Stress, Ärger und Unbehagen.

Reflexion und Intuition

Sobald man derartige Reaktionen wahrnimmt, begibt man sich auf die Metaebene, um den Grund der »Störung« zu identifizieren. Selbstreflexives Beobachten ermöglicht die Entscheidung, sich anders zu verhalten. Das »anders« kann alles sein, was die Beziehung nicht gefährdet. Man kann, wenn man sich beengt fühlt, durchatmen und eine entspanntere Körperhaltung einnehmen. Man kann im Beratungsgespräch sagen, dass man eine Pause zum Überlegen brauche, und den Raum verlassen oder sein Erleben thematisieren.

Da der Verstand mit der Verarbeitung des komplexen Kommunikationsgeschehens überfordert ist, nutzt man seine *Intuition* für den nächsten Schritt. Die *Stimmigkeitsprüfung* mithilfe der sekundären Emotionen (der »somatischen Marker«, vgl. S. 70 f.) ermöglicht intuitives Entscheiden.

Neutralität

Reagiert man auf ein Verhalten spontan affektiv oder im Rahmen des eigenen Glaubenssystems, dann erliegt man dem »Wiederholungszwang«. Dem kann man entgehen, wenn man das Aktualisierte neutral beschreibend zur Kenntnis nimmt. Solches Tun ist natürlich ein Ideal, das keiner immer realisieren kann. Es geht jedoch nicht darum, das Ideal zu erreichen, sondern um die flexible, intuitiv korrigierende Verarbeitung von Signalen, welche *Abweichungen* vom Ideal anzeigen.

Der Organismus als Supervisor

Der hypnosystemische Einzel- und Organisationsberater Gunther Schmidt (2005) bezeichnet den Organismus als »Supervisor« in der Kommunikation. Was »dem Körper auffällt«, soll im Folgenden charakterisiert werden. Was beeinträchtigt die Fähigkeit des Beobachters, aufmerksam wahrnehmend, reflektierend und intuitiv entscheidend im Hier und Jetzt zu sein?

Stress
Stresszustände schränken die Wahrnehmung ein. Für die Stressbewältigung im Schulalltag ist Selbstmanagement angesagt. In der Beratung bekommt der Lehrer Stress, wenn er die Aufträge von Schulleitung, Kollegen, Eltern etc. zu erfüllen sucht, nach dem Motto: »Die erwarten von mir zu Recht, dass ich den Schüler da und da hinkriege, wie kann ich das nur schaffen?« Er bereitet sich Stress, wenn er sein momentanes Tun in Unterricht und Beratung mit abstrakten Konzepten abgleicht, um ja das »Richtige« zu machen: »Eigentlich müsste ich jetzt XY tun, sagt die systemische Interventionstheorie.« Und wenn er sich selbst abwertet: »Ich habe einen schweren Fehler gemacht und versagt.« Es gibt aber nur »passen« und »nicht passen« im Moment der Vis-à-vis-Kommunikation. Alles lässt sich sofort korrigieren.

Negative Affekte
Auf manches Verhalten von Schülern, Eltern und Kollegen reagiert man als Lehrer mit Ärger, man lehnt es spontan ab. Das geschieht insbesondere, wenn persönliche Werte verletzt werden. Affektgesteuert hat man den Impuls, den anderen abzuwerten. Die Beziehung ist dann gestört, man denkt und sieht nicht mehr »klar«, sodass einem auch nichts Konstruktives einfällt. Man braucht erst einmal emotionalen Abstand.

Positive Affekte
Wenn Schüler oder Eltern in der Beratung ein Problem schildern, hat man als Lehrer sehr schnell Ideen, »was man da am besten macht«, und erlebt sich als kreativ. Doch diese Lösungen beziehen sich auf die eigenen Fähigkeiten, nicht auf die des Schülers oder seiner Eltern. »Ratschläge sind auch Schläge.« Der Klient reagiert mit dem »Aber«, oder er geht resigniert aus dem Kontakt: »Der hat gut reden, das bringt sowieso nichts.« Wenn der bera-

tende Lehrer seine Lösungsideen »durchzieht« und den anderen in diese Richtung zu drängen sucht, fühlt er sich selbst aktiv und gut dabei. Zum Glück zeigen Kinder und Jugendliche – eher als Erwachsene – in einer solchen Situation spontan »Widerstand«. Wenn die Beziehung gut ist, sprechen sie ihre Einwände auch aus.

Gemeinsame Problemtrance

Wenn man sich intensiv mit einem psychosozialen Problem befasst, werden Denken und Vorstellen durch die begleitenden negativen Emotionen massiv eingeschränkt. Diesen Erlebniszustand nennt man „Problemtrance".

Die schwierige Lage des anderen kann den Lehrer an ein eigenes Problem, gar an ein traumatisches Erlebnis erinnern oder an eine aktuelle Situation, mit der er nicht konstruktiv umgehen kann. Das damit verbundene Gefühl der Hilflosigkeit und Ohnmacht wird lebendig und verschmilzt mit ähnlichen Gefühlen des Klienten: Beide sind sozusagen »mit ihrem Latein am Ende«. Der Beratende benötigt dann Supervision. »Wenn man an die eigenen Grenzen kommt, kann man etwas Wichtiges dazulernen«, lautet das systemische Reframing.

Trancephänomene

Das Geschilderte ist Ergebnis von Trancezuständen, das heißt, der Betroffene geht aus dem Hier und Jetzt der Wahrnehmung und des zwischenmenschlichen Kontakts in seine Innenwelt: Abstrakte Konzepte absorbieren sein Denken, Affekte sein Verhalten, er gerät in den Sog der »Problemtrance«. Typische Trancephänomene treten auf: »Amnesie« (man vergisst, was man eigentlich weiß und kann), »Dissoziation« (man ist von einem Teil seiner Fähigkeiten abgeschnitten), »Regression« (man gleitet in einen früheren, negativen Erlebniszustand). Im Trancezustand kommuniziert man mit sich selbst, man nimmt kaum noch wahr, was um einen herum geschieht. Das ist jedoch keine bedenkliche Situation, denn jeder kann sich selbst jederzeit wieder in die Hier-und- Jetzt-Realität zurückbringen, indem er seinen Trancezustand registriert.

Sich im Kreise drehen
Auch erfahrene Lehrer können sich bei der Beratung von Schülern als Versager erleben. Sie haben den Eindruck, sich »im Dünensand« zu bewegen, sich im Kreise zu drehen. Derartige Empfindungen übermitteln eine klare Botschaft: Das Problem kann mit dem Schüler allein nicht gelöst werden, es wird in einem sozialen System aufrechterhalten. Dazu gilt es, Hypothesen aufzustellen und Interventionsstrategien zu entwerfen. Wenn zum Beispiel ein Training zur Konzentration und häuslichen Lernorganisation nichts bewirkt, muss dies nicht an der »Konzentrationsschwäche« des Schülers liegen. Seine Unkonzentriertheit hat vermutlich mit Problemen in der Familie oder mit den Klassenkameraden zu tun. Man versucht dann mit den Eltern oder – bei Mobbing – in der Klasse Lösungen zu finden.

Reinszenierung von Beziehungsmustern
Wie jeder Mensch kommunizieren Schüler und Eltern in ihren gelernten Interaktionsmustern, sie »reinszenieren« in der Beratung ihre gewohnte Weise, in Beziehungen zu agieren. Der eine tut das provokativ-aggressiv, der andere hilflos hilfesuchend.

Wenn man sich in das Muster einpasst, *bestimmt der andere die Regeln der Interaktion.* Der Hilflose bekommt den bereitwillig bemühten Helfer, der für ihn »die Kohlen aus dem Feuer holt«. Es etabliert sich ein komplementäres Muster. Der Betroffene muss selbst nichts verändern. Im Unterricht lehnen sich die Schüler zurück: »Soll sich doch der Lehrer mehr anstrengen, um uns zu motivieren.« Der provozierende Jugendliche will seinen Machtkampf mit Autoritäten durchziehen. Er hat kein »Problem«, das er lösen will, er will nur agieren und siegen. Steigt der Lehrer in das symmetrische Muster ein, kommt es zu einem kleinen Schlagabtausch, der nichts verändert. Zwischen Lehrern und Eltern werden Schuldzuschreibungen hin- und her gereicht, die Beziehung muss erst einmal geklärt werden, damit man konstruktiv zusammenarbeiten kann.

Solche Interaktionsangebote nimmt der Lehrer zur Kenntnis und teilt dann den anderen mit, was er unter welchen Voraussetzungen tun kann. Dem destruktiven »Störer« sagt er, dass er ihm nur helfen könne, wenn er selbst ein Problem habe und es lösen wolle, ansonsten müsse er die schulischen Sanktionen in Kauf nehmen. Dem »Passiv-Hilflosen« sagt er, dass er auf seine Lehrer und Mitschüler keinen Einfluss habe. Er könne ihn aber unterstützen, sich ihnen gegenüber anders zu verhalten. Dem angreifenden Elternteil sagt er, dass sich in diesem Kommunikationsrahmen das Lernproblem des Kindes nicht lösen lässt.

Die Beziehungsmuster der Klienten sind eine wichtige Information über die Art und Weise, wie sie in der »Realität draußen« ihr Problem stabilisieren. Die Verstörung ihrer Erwartungen hat nachhaltige Auswirkungen.

Zusammenfassung: Salutogenese und Koevolution

In sozialen Kontexten Ziele zu verfolgen ist jedermanns Fähigkeit: Man nutzt seine fünf Sinne, denkt nach und entscheidet dann rational und intuitiv, wie man sich am besten verhält. Es gibt jedoch Hemmnisse, wahrzunehmen, »was mit einem los ist«, und einfach zu tun, »was für einen gut ist«. Ausgeprägter Altruismus oder schon früh notwendige Verantwortungsübernahme in der Herkunftsfamilie prädestiniert Lehrpersonen, sich zu überfordern und schließlich zu »hilflosen Helfern« zu werden. Der oft aussichtlose »Kampf um die Kontrolle« des Schülerverhaltens kann zu Resignation und Erschöpfung führen. Angstgeleitetes »Einzelkämpfertum« im Kollegium lässt die kollegiale Unterstützung ungenutzt. Der nächste Teil des Buches befasst sich mit tieferen Ursachen dieser Verhaltensdispositionen.

»Bei der Arbeit sowohl auf andere als auch auf sich selbst zu achten erhält gesund.« Dies empfehlen nicht nur die Ratgeber beim Burn-out und die Forschung zur Salutogenese (Antonovski u. Franke 1997), auf diese einfache Formel lässt sich systemisches, ressourcen- und lösungsorientiertes Handeln aus der Perspektive des einzelnen Lehrers bringen. Und wenn Mitglieder einer Schule sich verändern, regen sie die Koevolution in der Organisation an.

3 Systemische Schulpädagogik aus der Sicht der Hirnforschung

Soziale Erfahrungen in der Schule und Fachwissen werden im Gehirn gespeichert. Die neurophysiologischen Prozesse, welche Selbst-Umwelt-Interaktionen begleiten, und die Bildung neuronaler Korrelate durch die synaptische Vernetzung von Milliarden Neuronen in elektrochemischen Schaltkreisen sind *materielle Tatsachen*. Ihre Bedeutung für Lehren und Lernen allerdings muss mithilfe von psychologischen Theorien interpretiert werden.

3.1 Motivation und Lernen im sozialen Gehirn

Erleben und Verhalten begleiten neuronale Prozesse, die, in Schaltkreisen zeitweilig gefestigt, für die Kontinuität des Ich-Bewusstseins sorgen. Sein Handeln macht den Menschen zum »Autor« seines Lebens. Gelerntes wird als »Engramm« ins neuronale Gedächtnis »geschrieben«, es sichert die Ich-Identität des Autors auf bewusster und unbewusster Ebene (Schacter 1999).

Persönlichkeitsentwicklung in der Schule geschieht durch den Erwerb von Fachwissen, Fertigkeiten und Verhaltenskompetenzen. Die Hirnforschung zeigt, wie die Verarbeitung von semantischen und sozialen Informationen im Gehirn abläuft. Die folgende Übersicht stützt sich insbesondere auf Gerhard Roth (2003, 2004, 2006) und Joachim Bauer (2004), die die Bedeutung neurobiologischer Fakten für Lehrer aufzeigen, und auf den Psychologen Louis Cozolino (2007), der neurobiologisches Wissen mit seiner therapeutischen Erfahrung verknüpft.

Kognitionen und Emotionen

Unter welchen Bedingungen »lernt« das Gehirn Neues? Nach Gerhart Roth (2003) besteht die wichtigste Funktion des Bewusstseins darin, Neulernen zu fördern. Wenn das Gehirn mit Reizen konfrontiert ist, die hinreichend *neu* und *komplex* sind, sodass sie nicht unbewusst zu bewältigen sind, die *wichtig* sind, sodass sie nicht weggefiltert werden, ist *Bewusstsein* nötig. Die Großhirnrinde ist dann »gezwungen«, die neuronalen Korrelate von Wissen und Fertigkeiten in neuartiger Weise zusammenzusetzen.

Für die Pädagogik bedeutsam ist die Tatsache, dass die neuronalen Korrelate von Emotionen und Motivationen an *allen* kognitiven Prozessen beteiligt sind. Der für Denken und Entscheiden zuständige präfrontale Cortex ist durch Faserbahnen mit den limbischen Systemen fest verdrahtet. Die limbischen Zentren sind das *zentrale Bewertungssystem* des Gehirns. Situationen, Pläne und Entscheidungen werden im Lichte vergangener Erfahrungen daraufhin geprüft, ob sie gut, vorteilhaft bzw. lustvoll waren und entsprechend wiederholt werden sollten oder ob sie schlecht, nachteilig bzw. schmerzhaft waren und deshalb zu meiden sind. Jede Situation wird vom limbischen System »geprüft«, ob sie bekannt ist bzw. einer früheren sehr ähnelt und welche Erfahrungen damit gemacht wurden. Dabei werden die Details der Geschehnisse vom Hippocampus hinzugefügt. Je nach Bewertung einer Situation werden auf der Verhaltensebene *Annäherungs-* oder *Vermeidenstendenzen* generiert (Grawe 2004).

Face-to-Face-Kommunikation

Soziale Informationen werden über den emotionalen Ausdruck im Gesicht und in den Augen, in der Stimme und der Sprache, in der Gestik und Körperhaltung vermittelt sowie über den energetischen Zustand der Person, der unmittelbar auf andere ausstrahlt. Die multimodale Information wird im »sozialen Gehirn« verarbeitet. Seine erfahrungsabhängige Struktur wirkt »vorsortierend« auf die Interpretations- und Reaktionsmuster des Selbst.

Somatische Marker

Der Neurophysiologe Antonio Damasio (1997) unterscheidet zwischen *primären Emotionen* wie Freude, Furcht, Wut, Trauer, Ekel, deren Kopplung an bestimmte Umweltreize teils dispositionell vererbt, teils gelernt ist, und *sekundären Emotionen*, die ausschließlich Ergebnis der individuellen Lerngeschichte sind. Beide Systeme regulieren die Informationsverarbeitung beim Wahrnehmen und Entscheiden. Vorgestellte Szenarien werden dahin gehend geprüft, ob sie in der Vergangenheit mit positiven oder negativen Affekten verbunden waren und folglich auch wieder sein werden. In Millisekunden wird im limbischen System vorentschieden, was für den Einzelnen zuträglich ist, zu tun, *bevor* er ein mögliches Handlungsszenario rational überprüft und auswählt.

Die sekundären Emotionen werden als bewusste Empfindungen körperlich repräsentiert, Damasio nennt sie deshalb »somatische Marker«. Sie haben die Funktion, Komplexität zu reduzieren, denn die Kapazität des Arbeitsgedächtnisses ist mit der Repräsentation und Bewertung mehrerer möglicher Szenarien weit überfordert. Das Phänomen der somatischen Marker hat große Bedeutung für das Handeln. Jeder Mensch kann mit seinen »Bauchgefühlen« prüfen, ob er Anforderungen erfüllen will und Aufgaben lösen kann. Stimmigkeits- und Unstimmigkeitsempfindungen ermöglichen der Person, von Moment zu Moment über den nächsten Schritt zu einem Ziel zu entscheiden (Hansch 1997).

Einfühlung in andere – Aufgabe der Spiegelneuronen
Der italienische Neurowissenschaftler Giacomo Rizzolatti und seine Kollegen (Rizzolatti u. Sinigaglia 2008) haben 1996 die spiegelnden Zellen entdeckt, sie bilden die neuronale Grundlage für einfühlendes Verstehen von anderen. Auch wenn Funktion und Leistung der Spiegelneuronen nach Ansicht namhafter Hirnforscher häufig überinterpretiert werden (Siefer 2010), kann man doch weiterhin davon ausgehen, dass sie ein Resonanzphänomen erzeugen: Bei einer Person, die das Ausdrucksverhalten einer anderen beobachtet, werden dieselben neuronalen Entladungen ausgelöst. Man erlebt mit, was den anderen »bewegt«. Ohne Umweg über den Verstand kommt es zu einem somatischen Perspektivenwechsel zwischen Alter und Ego. Der Mechanismus ist für die Kommunikation grundlegend: Man kann mitfühlen und sich auf den anderen einstimmen. Gleichzeitig kann es zu einer »Gefühlsansteckung« kommen: Wenn Lehrer zum Beispiel in der Beratung mit einem Schüler spontan *mitleiden*, statt nur *Mitgefühl* zu haben, werden sie handlungsunfähig: Im Zustand gemeinsamer »Problemtrance« zeigen sich keine Lösungen.

Hirnstrukturen und ihre »Kommunikation«

Man weiß, wie das Gehirn aufgebaut ist und wie es funktioniert. Aufgaben werden an vielen verschiedenen Orten (Gehirnarealen) von *parallel* arbeitenden Netzwerken erledigt. Im Gehirn gibt es keinen zentralen Organisator.

Der *präfrontale Cortex* (PFC) ist zuständig für Impulskontrolle, Denken und Entscheiden. Das *orbitofrontale Cortex* (OFC), der untere Bereich des PFC, ist der »Sitz der Moral«. Die Informationen, die das Stirnhirn erreichen, werden von tieferen Arealen im Gehirn auf unbewusster Ebene vorgefiltert.

Der *orbitale und mediale präfrontale Cortex* (OMPFC) ist die oberste Ebene des »sozialen Gehirns«. Er funktioniert als Konvergenzzone für die Verarbeitung aktueller sensorischer und emotionaler Informationen im Lichte der Vorerfahrungen.

Der *Hypothalamus* ist eine Schaltzentrale mit direkten Verbindungen zum PFC und zum OMPFC. Zu den subcortikalen Strukturen, die wesentlich für die Verarbeitung sozialer Informationen sind, gehören die *Amygdala* und der *Hippocampus*.

Die Amygdala (Mandelkern) ist eine Schlüsselkomponente der neuronalen Netzwerke, die mit Erfahrungen der Angst, Bindung, frühen Erinnerungen und Emotionen während des ganzen Lebens verbunden sind.

Der Hippocampus organisiert explizite Erinnerungen und bewusstes Lernen in Zusammenarbeit mit der Amygdala und den sensorischen Arealen der Hirnrinde.

Der *Gyrus Cinguli* (Gürtelwindung) im Mittelhirn ist die Kernstruktur des Motivationssystems. Seine Aktivierung durch den Neurotransmitter Dopamin sorgt für Antrieb, Neugier und Belohnungserwartung, welche von der Belohnungserfahrung abhängt. Das implizite Ziel einer annähernden Verhaltenssequenz ist ein Lust- oder Erfolgserlebnis, das Opioide vermitteln. Werden neue Reize negativ bewertet, kommt es zu Vermeidungsverhalten, dessen Erfolg mit dem Gefühl der Beruhigung bzw. der Ausschüttung von Serotonin »belohnt« wird. Individuelle Unterschiede in der Fähigkeit, emotionale Signale zu dekodieren, korrelieren mit der Aktivierung des vorderen *cingulären Cortex*, sein hinterer Teil spielt eine Rolle bei der Verarbeitung im autobiografischen Gedächtnis, sodass man zur Auffassung kam, das

Mittelhirn sei für das Ich-Bewusstsein und das Identitätsgefühl zuständig.

Informationsaustausch im Gehirn

Die »Kommunikation« zwischen den Hirnstrukturen ermöglicht die Ausschüttung von Botenstoffen. Durch ihre Weiterleitung über Nervenfasern werden die anatomisch und funktionell abgrenzbaren Gehirnareale aktiviert und miteinander verbunden. Auf der Erlebens- und Verhaltensebene wirken sich die Botenstoffe unmittelbar auf Stimmungen, Emotionen und Verhaltensbereitschaften aus.

Neurotransmitter

Der Botenstoff *Dopamin* sorgt im Motivationssystem für Antrieb, Neugier und Belohnungserwartung. Der Neurotransmitter *Noradrenalin* moduliert Erregung und aktiviert die motorische Bereitschaft zu Kampf-Flucht-Reaktionen: Werden Reize negativ bewertet, kommt es zur Auseinandersetzung damit oder zu ihrem Vermeiden. Der Erfolg des Verhaltens wird mit dem Gefühl der Beruhigung bzw. neurochemisch durch Ausschüttung des Neutransmitters *Serotonin* belohnt.

Neuropeptide

Neuropeptide modulieren Freude, Schmerz, Bindung und Sexualität. Die Ausschüttung von endogenen Opioiden reduziert Schmerz und verschafft ein Gefühl des Wohlbefindens und der Hochstimmung. Die Neuropeptide prägen frühe Bindungserfahrungen, indem sie das Grundgefühl von Sicherheit fördern. Oxytocin wird ausgeschüttet, wenn es zu einer vertrauensstiftenden Beziehung kommt. Vasopressin wird vom Säugling mit der Muttermilch aufgenommen. Die Produktion und Verfügbarkeit der Botenstoffe bestimmen unser Lebensgrundgefühl, die Gestaltung unserer Beziehungen und unsere Fähigkeit, mit Alltagsstress fertigzuwerden.

Zwei Wege der Stress- und Angstregulierung

Der direkte Weg führt über die Hypothalamus-Hypophysen-Nebennierenrinden-Achse (HPA) unmittelbar zur Kampf-Flucht-

Reaktion, der zweite Weg beansprucht mehr Zeit: Er führt über die Bewertung im OMPFC zur bewussten Prüfung der Gefahrensituation im PFC und zur vorausschauenden Entscheidung für ein zielgerechtes Verhalten. Aggressionsimpulse und Angstreaktionen erfahren auf diesem Wege eine *Mäßigung*.

Eine zentrale Rolle bei der Angst- und Stressverarbeitung kommt der Amygdala zu. Sie hat die überlebenswichtige Funktion, bedrohliche Reize mit einer Angstreaktion zu verbinden. Das geschieht, bevor wir ein Bewusstsein davon haben. Unser Gehirn braucht zum Beispiel 400 bis 500 Millisekunden, um visuelle Reize zur Bewusstheit zu bringen, aber nur 14 Millisekunden, um implizit (unbewusst) darauf zu reagieren und sie zu kategorisieren.

Wenn die Bewertung einer aktuellen Situation eine Gefahrensituation ergibt, werden über die Amygdala die Alarmzentren des Gehirns aktiviert: Bei psychischem Stress und bei Angst wird das Stressgen CRH angeschaltet, gefolgt von einer Aktivierung der Hypophyse, die daraufhin den Botenstoff Noradrenalin ausschüttet. Sobald er über den Blutkreislauf die Nebenniere erreicht hat, kommt es dort zur Freisetzung des Stresshormons Cortisol. Die motorischen Systeme werden aktiviert, sodass der Organismus für »Kampf« oder »Flucht« bereit ist.

Der OMPFC kann auf der Grundlage von Bewusstheit die Amygdala beeinflussen, denn diese verfügt über eine hohe Dichte von Opioid-Rezeptoren. Die Ausschüttung von Opioiden hemmt die Aktivität der Amygdala, sodass wir uns ruhig, sicher und weniger wachsam fühlen. Auch Kokain und Heroin haben diese Wirkung, sodass es

> »kein Wunder ist, wenn Drogen von denjenigen als eine Offenbarung erlebt werden, die einen Misshandlungs- oder Missbrauchshintergrund haben oder unter mangelndem Selbstwertgefühl und einer besonderen Kritikempfindlichkeit leiden« (Cozolino 2007, S. 149).

Zur Entwicklung des sozialen Gedächtnisses

Bei der autobiografischen Erinnerung steht der Erzähler im Mittelpunkt. Episodische, semantische und emotionale Erinnerungen werden mit Selbstbewusstheit kombiniert.

»Die Infrastruktur unseres sozialen Gehirns wird unbewusst in jenen ersten Monaten und Jahren unseres Lebens geformt, in denen sich unsere Welt um die Emotionen und unbewussten Welten unserer Eltern dreht« (Cozolino 2007, S. 139).

Die ersten Erfahrungen macht das Kind mit der Mutter. Die Entwicklungsforschung im Labor ermittelt die Qualität der Mutter-Kind-Bindung mithilfe der »Fremdensituation«: Das Kind spielt in Anwesenheit der Mutter, dann stößt ein Fremder zu ihnen. Nach einer Weile verlässt die Mutter den Raum, sie lässt das Kind mit dem Fremden alleine und kehrt nach einer bestimmten Zeit zurück. Sie setzt sich wieder auf ihren Stuhl und lässt das Kind reagieren, wie es ihm spontan ein Bedürfnis ist. Bei seinen Verhaltensreaktionen zeigen sich vier Bindungsstile: *Sicher* gebundene Kinder sind schnell beruhigt und kehren bald zu ihrem Spiel zurück. Kinder mit einer *vermeidenden* Bindung ignorieren ihre Mutter und vermeiden auch den Blickkontakt. Sie scheinen nicht zu erwarten, dass ihre Mutter sie beruhigen könnte. Als *ängstlich-ambivalent* bewertete Kinder suchen zwar die Nähe zur Mutter, sie sind jedoch nicht leicht zu beruhigen und kehren nur langsam wieder zu ihrem Spiel zurück. Die als *desorganisiert* eingestuften Kinder zeigen oft chaotische und sogar selbstverletzende Verhaltensweisen. Sie drehen sich zum Beispiel im Kreise, schlagen um sich und wissen nicht, was sie tun sollen, um sich selbst zu beruhigen.

Der Stil der elterlichen Fürsorge wird mit dem *Adult Attachment Interview* (Erwachsenen-Bindungs-Interview) ermittelt. Die meist nur impliziten Erinnerungen der Mütter an ihre frühe Kindheit zeigen sich an ihren Einstellungen, Überzeugungen und Verhaltensweisen. Die Macht der Bindungsmuster von Mutter und Kind wurde deutlich, als man das Interview mit Frauen geführt hat, bevor sie das erste Mal schwanger wurden, und danach das Bindungsmuster des einjährigen Kindes in der »Fremdensituation« bewertet wurde. Bei 75 % der Kinder war der Bindungsstil aufgrund des Interviews der Mutter vorhersagbar.

Frühe Bindungsmuster gehören zu den impliziten Erinnerungen. Sie prägen die Erwartungen an andere und unsere Reaktionen auf andere, sie »haben Bestand bis ins Erwachsenenalter, in dem sie die Wahl unserer Partner und die Qualität unserer Beziehungen beeinflussen« (Cozolino 2007, S. 185 f.).

Gehirnentwicklung in der Pubertät

Die Verarbeitung von organismischen, psychischen und Umwelt-reizen geschieht in funktionell abgrenzbaren Gehirnarealen. Erst in der ausgereiften Gehirnstruktur des Erwachsenen werden alle Prozesse vom Frontalhirn, das für vorausschauendes Denken, Entscheiden und Impulskontrolle zuständig ist, synchronisiert und kontrolliert.

In der Pubertät wird das Gehirn grundlegend umstrukturiert. Seine Architektur ist erst in der späten Adoleszenz voll ausgebildet. Der junge Mensch verfügt dann über die Fähigkeit zur Selbstkon-trolle und die Fähigkeit, vorausschauend die Folgen seines Ver-haltens zu bedenken (Strauch 2004). Es ist sehr gefährlich, wenn Jugendliche ihr Bewusstsein durch Drogen zu erweitern suchen. Im schlimmsten Falle erleben sie psychotische Episoden, in denen die Synchronisation im Gehirn bzw. die Wahrnehmung »verrückt« wird. Auch die langfristigen Folgen der Behandlung von ADHS mit Ritalin sind noch nicht bekannt (Hüther u. Bonney 2002).

Funktionelle und strukturelle Speicherung im Gehirn

Die Vorgänge auf der untersten Ebene des Gehirns, der einzelnen Nervenzelle, sind weitgehend bekannt (Das Manifest 2004; Le-Doux 2006).

Während Wahrnehmen und Denken im Bewusstseinsstrom vorhandene Netzwerke *kurzzeitig* (für Sekunden bis Minuten) aktivieren, verändert neu und nachhaltig Gelerntes das Gehirn *strukturell*. Über die Sinnessysteme eingehende Signale regen die Genexpression in den Zielzellen an. Nervenwachstumsgene wer-den eingeschaltet, sodass es zur Neubildung von Nervenfasern mit ihren synaptischen Endigungen kommt, welche die angereg-ten Zellverbände vernetzen. Lernen verändert die *Stärke der syn-aptischen Verbindungen* (LeDoux 2006). Die Konsolidierung ei-nes neuen Schaltkreises bedarf wiederholter Bahnung und dauert Stunden bis Tage.

Die Hirnforschung gibt also eindeutige Antworten auf die Frage, welche *Art* von neuronalen Netzwerken beim schulischen Lernen neu gebildet und stabilisiert werden sollten. *Problemati-sches Verhalten ist in stabilen neuronalen Schaltkreisen gespei-chert.* Wenn man sich zum Beispiel in der Beratung ausgiebig mit einem Problem beschäftigt, wird das vorhandene neuronale Netzwerk verstärkt. Für Dazulernen müssen *neue* neuronale Schaltkreise durch *neue, positive* Erfahrungen in der Gegenwart gebahnt und gefestigt werden (Grawe 2004). Aus neurobiologischer Sicht liegt hier die Hauptaufgabe der Pädagogik.

Die Organisation des Gedächtnisses
In den Kognitionswissenschaften wurde das menschliche Gedächtnis nach unterschiedlichen Gesichtspunkten eingeteilt: zeitlich (Kurzzeit- und Langzeitgedächtnis), nach dem Verarbeitungsmodus (bewusst/unbewusst) und funktional. Hinsichtlich der Funktion unterscheidet man zwischen einer Kurzzeitform, dem Arbeitsgedächtnis, und fünf Langzeitformen (Roth 2006).

Wahrnehmungen, Vorstellungen und Wissensinhalte müssen durch den »Flaschenhals« des *Arbeitsgedächtnisses,* sie müssen *bewusst* repräsentiert werden, sollen sie ins *Langzeitgedächtnis* gelangen. Die Zeitspanne des Kurzzeitgedächtnisses umfasst Sekunden bis Minuten. Fünf bis sieben Inhalte (»magic number seven«) können gleichzeitig festgehalten werden. Konzentration im Unterricht auf die Sache ist deshalb eine unabdingbare Voraussetzung für Lernen.

Im *prozeduralen Gedächtnis* sind gelernte Fähigkeiten, die automatisiert ablaufen, wie Lesen und Schreiben, gespeichert.

Die *Priming-Form* des Gedächtnisses vermittelt eine höhere Wiedererkennungswahrscheinlichkeit für zuvor unbewusst wahrgenommene Reize. Nach später wiederholter Darbietung werden sie leichter verarbeitet. Im Unterricht geschieht Priming, wenn der Lehrer zukünftige Vorhaben erwähnt. In der Beratung bahnt das »Ideensäen« (»Seeding«, Erickson u. Rossi 1981) die Aufnahmebereitschaft für spätere Interventionen.

Mit dem *perzeptuellen Gedächtnis* erkennt man charakteristische Reizmerkmale eines Objekts aufgrund von Familiaritäts- oder Bekanntheitsgesichtspunkten. Man kann Birnen von Äpfeln unterscheiden und eine Person auch nach längerer Zeit wiedererkennen.

Im *Wissenssystem* werden Fakten gespeichert, die man kontextfrei wiedergeben kann. In der Schule sind das zum Beispiel Ereignisse in der Geschichte, englische Vokabeln und Theorien.

Das *autobiografische Gedächtnis* (Markowitsch u. Welzer 2005) speichert emotional gefärbte Erlebnisepisoden. Diese Gedächtnisform wird in der systemischen Interventionsmethodik genutzt.

3.2 Gewalterlebnisse und unterstützende Beziehungen

Joachim Bauer hat in seinem Buch *Schmerzgrenze* (2011) die Forschung zu den Auswirkungen von Gewalterfahrungen auf die Gehirnentwicklung von Kindern zusammengetragen. Seine Ausführungen werden im Folgenden referiert.

Die Verarbeitung von körperlichem und psychischem Schmerz
Die Zufügung von Schmerz löst Aggressionsimpulse aus, die durch den Verstand gehemmt werden können. Der präfrontale Cortex ist allerdings nur so lange aktiv, als die Person nachdenkt. Wenn die Entscheidung für eine Reaktion gefallen ist und der Mensch tatsächlich aggressiv handelt, ist das Stirnhirn ausgeschaltet.

Körperlicher Schmerz hinterlässt in der »Ich-Struktur« des Gehirns, dem cingulären Cortex, eine Art Fingerabdruck. Mittels Computertomografie konnte nachgewiesen werden, dass nicht nur körperliche Gewalt dort Spuren hinterlässt, sondern auch die Erfahrung, von anderen ausgegrenzt, zurückgewiesen, verachtet und gedemütigt zu werden. Psychische Verletzungen werden sozusagen vom Gehirn wie körperliche Schmerzen wahrgenommen.

Die kommunikative Botschaft des aggressiven Verhaltens von Kindern
Dass sozialer Ausschluss der stärkste und wichtigste Aggressionsauslöser ist, kann evolutionsgeschichtlich erklärt werden: Die Zugehörigkeit zur eigenen Gruppe ist überlebenswichtig. Aggression hat insofern eine kommunikative Funktion: Der von sozialer Entwertung oder Ausgrenzung Betroffene teilt durch sein aggressives Verhalten den anderen mit, dass er nicht bereit und in der Lage ist, das Zugefügte zu akzeptieren. Aggression ist insofern ein gesunder Impuls.

Soziale Bindungen sind nach Bauer Einflussfaktoren mit »enormer neurobiologischer Durchschlagskraft«. Erwachsene können, wenn Bindungen fehlen oder Beziehungen in Gefahr sind, auf ihre jeweilige Umwelt konstruktiv oder destruktiv einwirken. Anders ist das bei Kindern, sie sind in einer solchen Lage weitgehend macht- und hilflos. Denn sie verfügen nicht über einen geschulten kognitiven Apparat, um ihrer Umgebung den Mangel an mitfühlenden Bezugspersonen, an vertrauensvollen Bindungen oder ihre Ausgrenzungserfahrung mitzuteilen.

>» Sie sprechen zu uns durch ihr spontanes Verhalten und durch ihre Körpersprache, durch ihre Vitalität oder Depression, durch Lebensmut oder Angst, durch Vertrauensbereitschaft oder Misstrauen, durch Kooperationsbereitschaft oder Aggression« (Bauer 2011, S. 82).

Aggressives Verhalten von Kindern und Jugendlichen sei immer ein Appell mit einer Botschaft, die in jedem Einzelfall zu entschlüsseln ist.

Aggressionsbereitschaft

Die spätere Aggressionsbereitschaft hat mit den Bindungsstilen in der Kindheit zu tun.

Wer im Kleinkindalter Gewalt erfahren hat, zeigt im weiteren Verlauf der Kinderjahre eine um das Dreifache erhöhte Aggressivität. In den westlichen Ländern, so bei Bauer (2011, S. 83), sind über 20 % der Kinder von körperlicher Gewalt im häuslichen Bereich betroffen. Sie erleben die Welt als einen gefährlichen Ort und interpretieren das Verhalten der ihnen begegnenden Menschen auch dann eher feindselig, wenn keine Gefahr zu erwarten ist, denn sie gehen davon aus, dass Menschen primär feindselige Absichten haben. Die Folge ist eine eingeengte Wahrnehmung: Ein unbefangener Blickkontakt, eine versehentliche Berührung werden leicht als feindselig interpretiert und aggressiv beantwortet. Sie haben gelernt, dass aggressives Verhalten die einzig erfolgreiche Strategie ist.

Auch psychische Verletzungen durch »verbale Gewalt« von Lehrern, durch nicht ermöglichten Schulerfolg und durch Ausschluss aus einer Schule wirken tief, wie die Forschung zu »negativem Lehrerverhalten« gezeigt hat. Es

»kann nicht überraschen, dass Schulabbrüche oder fehlender Schulabschluss ein wissenschaftlich belegter Prädiktor (Vorhersagefaktor) für späteres Gewaltverhalten ist« (ebd., S. 86).

Der Mechanismus der Verschiebung

Aggression wird von einem Menschen nicht immer sofort ausgelebt, Wut sammelt sich an, sie platzt bei einem Anlass, der Außenstehenden als wenig adäquat erscheint, mit ungeheurer Wucht heraus. Oft wird die Wut nicht an den Personen, die einem tatsächlich Gewalt angetan haben, sondern an anderen Menschen ausgelassen. Dies erklärt unverständliches Aggressionsverhalten, zum Beispiel das von Amoktätern in der Schule. Diese Jugendlichen brauchen Personen, die ihr häufig zu beobachtendes Rückzugsverhalten und ihre mehr oder weniger verschlüsselten Ankündigungen wahr- und ernst nehmen, um Schlimmeres zu verhindern (Robertz u. Wickenhäuser 2007). Das können Eltern, Lehrer und Mitschüler sein. Gelingt Prävention nicht, dann kann man nur noch im Nachhinein herausfinden, was sie wem mit ihrer unverständlichen Aggression »eigentlich« sagen wollten.

Die Rolle der Medien

Der Anblick von Gewaltdarstellungen im Fernsehen, auch hoher TV-Konsum zwischen dem zweiten und fünften Lebensjahr sind für die Entwicklung nachteilig: Die betreffenden Kinder erzielen deutlich schlechtere Schulleistungen, treiben weniger Sport, ernähren sich ungesund, sind häufiger übergewichtig und werden gehänselt oder gemobbt. Sie erleiden später mehr Ausgrenzung und werden auf diese Weise eher an die Schmerzgrenze gebracht.

Erziehungserfahrungen und Schulerfolg

Sozial abgestimmte Verhaltensweisen haben zahlreiche kognitive Voraussetzungen: so etwa die Fähigkeit, sich in einem System mehrerer miteinander interagierender Menschen zurechtzufinden, und die Fähigkeit, die Perspektive anderer einzunehmen und abzuschätzen, welche Folgen das eigene Verhalten auf das Verhalten anderer haben wird. Diese Fähigkeiten entwickeln sich entlang einem Zeitraster. Erst in der ausgereiften Gehirnstruktur des Erwachsenen kann die Vernunft die Kontrolle übernehmen. Ob sich die Mikrostrukturen des Gehirns voll ausbilden und wie seine Netzwerke gestaltet sind, hängt davon ab, ob und auf welche Weise sie »in Betrieb« genommen wurden. Erziehung sei eine »zwingende Voraussetzung«, sozusagen ein »Trainingsprogramm« für das Stirnhirn (Bauer 2011, S. 107).

Kinder, denen sich niemand zuwendet, erleiden Nachteile auf der ganzen Linie: Sie haben einen verminderten Intelligenzquotienten und weisen schlechtere Leistungen im Bereich Sprache, Lesen und Mathematik sowie geringere Problemlösefähigkeiten auf. Sie haben große Schwierigkeiten, unter Gleichaltrigen Anschluss zu finden, und werden bevorzugt Opfer von Ausgrenzung und Demütigungen. Das sind Erfahrungen, die den Aggressionsapparat ansprechen. Betroffene sehen dann als einzige Möglichkeit, sich Achtung zu verschaffen, herausragende Leistungen im Bereich von Aggressivität und Gewalttätigkeit zu erbringen. Die »Cycles of Violence« weiten sich aus: Mindestens 30 % der Jugendlichen in Deutschland sind von »Cyber-Bullying« betroffen.

Kinder und Jugendliche, die vernachlässigt oder durch Gewalterlebnisse traumatisiert wurden,

> »bleiben hinter dem Entwicklungszeitplan ihres Gehirns in gefährlicher Weise zurück und entwickeln bleibende Hirnreifungsstörungen, die vor allem den PFC betreffen und derart schwerwiegend sein können, dass auch spätere Therapien und andere Korrekturversuche nicht mehr greifen« (Bauer 2011, S. 109).

Die »Use it or lose it«-Regel des Gehirns wirkt nur in *einer* Zeitrichtung. Der Mensch ist Träger eines »sozialen Gehirns«: Seine Potenziale können sich nur in *unterstützenden Beziehungskontexten* entfalten. Fehlen sie in Kindheit und Jugend, erleiden die Betroffenen Nachteile auf der ganzen Linie ihrer Entwicklung.

3.3 Psychologische Interpretation der Ergebnisse der Hirnforschung

Die Kognitionswissenschaften arbeiten interdisziplinär. Neurobiologische Fakten werden mit psychologischen Forschungsergebnissen abgeglichen und mithilfe psychologischer Theorien interpretiert.

Motivationstheorien

Die Bedeutung der dargestellten neurobiologischen Vorgänge für das Verhalten kann mithilfe der »Selbstbestimmungstheorien« (Epstein 1994; Deci u. Ryan 1993) interpretiert werden. Ihre Kernaussage ist, dass Menschen (und Tiere) angeborene, neurobiologisch verankerte psychische Grundmotive haben. Das *Kompetenz- und Kontrollmotiv* und das *Bindungsmotiv* dienen zwei überlebenswichtigen Zielen. Das erste betrifft die Entwicklung von Fähigkeiten, mit denen sich das Individuum in der Umwelt behaupten kann, das zweite sorgt für den Zusammenhalt des sozialen Systems, auf dessen Fortbestand der Einzelne angewiesen ist. Seymour Epstein fügt dem noch ein typisch menschliches Motiv hinzu, das Bedürfnis, den eigenen *Selbstwert* zu erleben bzw. zu erhöhen. (Das allgemeine Bedürfnis, *Lust* zu erleben und Unlust zu vermeiden, haben Menschen und Tiere.) Die psychischen Grundbedürfnisse steuern das Verhalten, es geht darum, sie zu befriedigen und vor Verletzung zu schützen.

Die Selbstbestimmungstheorien haben große Bedeutung für die systemische Pädagogik. Das Bindungsmotiv wird für die Gestaltung von emotional positiven Lernkontexten genutzt. Intrinsische Motivation wird durch Kompetenzerlebnisse gespeist. Schüler und Lehrer möchten sich als selbstwirksam erleben und Erfolge verbuchen können (Bandura 1997; Engeser u. Vollmeyer 2005).

Willentliches Handeln

Die komplexeste Motivationstheorie ist die Willenstheorie von Julius Kuhl (2001, 2005). Die Leitfrage des Forschers ist: Unter welchen Bedingungen setzen Menschen ihre Absichten in Handeln um? Das ist ein zentrales Thema der Pädagogik.

Kuhl begründet seine Person-System-Interaktionstheorie (PSI-Theorie) umfassend mit der neurobiologischen und psychologischen Forschung. Der theoretische Extrakt kann wie folgt formuliert werden: Willensprozesse werden in vier »psychischen Systemen« generiert, die unterschiedliche Funktionen haben: Das »Intensionsgedächtnis« (IG) ist für analytisches Denken und Planen zuständig, das »intuitive Verhaltenssystem« (IVS) generiert motiviertes Verhalten, mit dem »Objekterkennungssystem« (OES) werden relevante und gefährliche Umweltreize wahrgenommen, im »Extensionsgedächtnis« (EG) mit der Kernstruktur des »Selbst« ist die autobiografische Erfahrung gespeichert. Die Interaktion der vier Systeme wird durch *positiven* oder *negativen Affekt* reguliert. Positiver Affekt ist willens- und handlungsbahnend, negativer Affekt blockiert zielorientiertes Handeln, der Betroffene bleibt in zweifelndem Grübeln gefangen.

Die Interaktion der vier Systeme wirkt sich *affektmodulierend* aus, die Stärke des positiven oder negativen Affekts wird dabei herauf- bzw. herabreguliert. Wer sich z. B. ein attraktives Ziel vorstellt, ist euphorisch (IVS), wenn er dann jedoch darüber nachdenkt (IG), wie er es erreichen könnte, lässt seine Begeisterung nach. Er muss für die Realisierung auf geeignete Gelegenheiten warten, diese erkennen (OES) und sie handelnd ergreifen (IVS). Um sich erneut zu motivieren, braucht er willensbahnenden positiven Affekt; das attraktive Ziel (IG) und die Erinnerung an frühere Erfolge (EG) stärken seinen Willen zum Handeln.

»Reife« Personen sind nach Kuhl in der Lage, sich selbst zu motivieren und nach negativen Erlebnissen sich selbst zu beruhigen. Positiven Affekt können sie mithilfe ihres autobiografischen Gedächtnisses – unabhängig von der Umwelt – selbst generieren, um sich von Frustrationen zu erholen und erneut zu motivieren. Kinder und Jugendliche brauchen dazu die Hilfe von Erwachsenen.

Sozialisation und Belastungsbewältigung von Lehrern

Kommunikation geschieht nonverbal und verbal. Auf verbaler Ebene kommt zum Ausdruck, welchen Sinn man Reizen zuschreibt. Es lohnt sich deshalb, den Beitrag der Linguistik zu den Mechanismen der Bedeutungsgebung heranzuziehen.

Der Philosoph Mark Johnson (1987) und der Linguist George Lakoff (Lakoff u. Johnson 1998) haben nachgewiesen, dass die grundlegenden, meist verblassten Metaphern in den gesprochenen Sprachen bis hin zu den Theorien aller Wissensbereiche auf körperlichen Erfahrungen des Menschen beruhen. Mit dem »Up-down-Schema« (aufgerichtet gehen oder am Boden liegen) zum Beispiel kennzeichnet man die Stimmung und die Konjunktur in der Wirtschaft: Man ist in einer »Hochstimmung« oder »niedergeschlagen«, die Wirtschaft wechselt zwischen »Konjunkturhoch« und »Konjunkturtief«. Mark Johnson nennt seine Studie deshalb *The body in the mind*. Im letzten Jahrzehnt wurde dieser Ansatz in die linguistische Forschung integriert. Die Frame-Semantik berücksichtigt die lebensweltlichen Rahmen für die Bedeutungsgebung (Busse 2009).

Als eine Brücke von der Linguistik zur Pädagogik kann man die Studie zu den »tief verankterten Frames« (»deep-seated frames«) von Lakoff (Lakoff u. Wehling 2008) betrachten. Er zeigt darin, dass in den USA die gegensätzlichen sozialpolitischen Konzepte der Demokraten und der Republikaner sich auf zwei unterschiedliche Wertesysteme in der Erziehung zurückführen lassen. Dabei handelt es sich um das Modell der »strengen Väter«, welche ihre Kinder zu *Autonomie, Selbstdisziplin* und *Selbstbehauptung* erziehen, und das Modell der »fürsorglichen Eltern«, für die *Empathie* und *einfühlendes Verstehen* im Vordergrund stehen. Lakoff konnte an der Wahlkampfpropaganda der Parteien die Virulenz der beiden Werteorientierungen aufzeigen. Republikaner lehnen soziale Unterstützungsprogramme ab, weil sie nicht zu Eigenanstrengung motivieren. Für seine wirtschaftliche Lage sei jeder letztlich selbst verantwortlich. In Europa gibt es einen solch klaren Gegensatz in der Werteorientierung der politischen Parteien nicht.

Die Konzepte von Lakoff sind jedoch für die Pädagogik relevant, denn die beiden Erziehungsprogramme werden in *unterschiedlichen Netzwerken* des sozialen Gehirns gespeichert und *alternativ aktiviert*.

Tief verankerte Frames im Erziehungsverhalten von Lehrern

Lakoff nennt die beiden Skripts für Erziehung »deap-seated frames«, da sie auf den körperlichen Erfahrungen beruhen, die kleine Kinder mit »strengen Vätern« und »fürsorglichen Eltern« gemacht haben. In der vorsprachlichen Entwicklungsphase Gelerntes prägt die bewusste Wahrnehmung und Deutung von Beziehungssituationen vorgängig, wie die entwicklungspsychologische Forschung gezeigt hat.

Das Wertegefühl von Lehrern, die von ihren Eltern »streng« zu leistungsorientiertem Verhalten, zu Fleiß, Selbstdisziplin und Eigenverantwortung erzogen wurden, wird durch das Verhalten von desinteressierten und wenig anstrengungsbereiten Schülern massiv verletzt. Kein Wunder, wenn sie darauf häufig aggressiv reagieren und sich intensiv bemühen, die Schüler zu Selbstdisziplin zu erziehen. Ihre Enttäuschung, wenn ihr Bemühen kaum Erfolge zeitigt, kann langfristig zu innerer Kündigung und/oder zu Krankheit führen. Wenn man die Ergebnisse der Lehrerbelastungsforschung vor dem Hintergrund der tief verankerten Frames der Lehrpersonen betrachtet, kann man vermuten, dass unterschiedliche Bewältigungsmuster (Schaarschmidt 2005) mit Erziehungserfahrungen zu tun haben.

Vermutlich sind Lehrer mit dem biografischen Hintergrund einer ausgeprägt »strengen« Erziehung weniger flexibel als andere. Dieser Aspekt könnte bei den Belastungstypen »Überforderung« und »Resignation« in der Studie von Schaarschmidt (2005) eine Rolle spielen. Sie übernehmen und verlangen in ihrer Werteorientierung ein hohes Maß an Selbstverantwortung. Dabei können sie andere und sich selbst überfordern, was langfristig zu Erschöpfung und Resignation führen kann.

Erwachsene, die als Kind traumatisierenden Gewalterfahrungen in der Familie ausgesetzt waren, mussten dort ihre aggressiven Impulse hemmen, um die Zugehörigkeit zu ihrer Familie zu sichern, häufig, um die bedrohte Mutter und kleinere Geschwister zu beschützen. Lehrer mit diesem Erfahrungshintergrund neigen nach meiner Erfahrung dazu, sich mit den Schülern als verletzlichen Kindern zu identifizieren. Sie tun dies auch in Situationen, in denen sie massiv provoziert und angegriffen werden, sodass sie, vorübergehend handlungsunfähig, den Schülern nicht angemessen »Grenzen« aufzeigen können. Wenn ihnen dennoch »mal der Kragen platzt«, machen sie sich hinterher unangemessen schwere Vorwürfe. Sie werden vom »Programm« der empathischen Einfühlung dominiert.

Wenn den Erziehenden die unbewusst fortwirkenden Mechanismen, das heißt die in ihrer eigenen Sozialisation gelernten Denk-, Verhaltens- und Sprechweisen, bewusst sind, können sie die Adäquatheit ihres Verhaltens beurteilen. Klar forderndes Erziehen ist ebenso wichtig wie einfühlendes Verstehen und Fördern der Schüler. Lehrer sollten zwischen den beiden Erziehungsrahmen kontextvariabel wechseln können.

Das Modell von Lakoff berücksichtigt eine in der heutigen Gesellschaft häufige Erziehungserfahrung von Kindern nicht: die Erfahrung, von überforderten oder gleichgültigen Eltern und Lehrern *vernachlässigt* zu werden. Schüler erleben dies vermutlich bei Lehrern mit dem Bewältigungsmuster »Schonung« und »Resignation« (Schaarschmidt 2005). Deren gewolltes oder ungewolltes Laisser-faire dürfte schwerwiegendere Folgen für die Entwicklung der Schüler und für die Gesellschaft insgesamt haben als der autoritär-strenge Erziehungsstil. Denn strenge Lehrer wollen ihre Werteorientierungen – Selbstdisziplin, Anstrengungs- und Leistungsbereitschaft – an die Schüler weitergeben; das sind Einstellungen zur Arbeit, die Industriegesellschaften in der globalen Konkurrenz benötigen. Lehrer, die bei der Erziehung von Schülern sich selbst schonen oder resigniert haben, überlassen diese ihrem sozialen »Schicksal«, das heißt dem Erfahrungs- und Wertehorizont ihres Herkunftsmilieus und ihrer Peergruppen. Wenn nicht alle Schüler gefördert und gefordert werden, kommt es zu einem Ressourcenverlust mit negativen Konsequenzen für die gesamte Gesellschaft.

Kulturelle und soziale Milieus von Schülern und Eltern
Kinder kommen, je nachdem, in welchen kulturellen und sozialen Milieus sie aufwachsen, mit unterschiedlichen Erwartungen an das Erziehungsverhalten der Lehrer in die Schule. Die Lehrer sollten ihnen deshalb ihre womöglich ungewohnten pädagogischen Prinzipien und ihren Zweck altersgemäß erklären. Sie haben es zudem mit Eltern zu tun, die, wenn sie zum Beispiel aus Osteuropa, der Türkei oder arabischen Ländern herkommen, ihre Kinder im patriarchalischen Erziehungsrahmen körperlich bestrafen. Das ist grundgesetzwidrig. Für Lehrer stellt sich die Aufgabe, diesen Eltern dennoch respektvoll zu begegnen, um ihr erzieherisches Verhalten zu beeinflussen, bevor sie die Schulleitung und eventuell das Jugendamt einschalten.

Schlussfolgerungen
Wenn die Sozialisationserfahrungen der Lehrer eine solch wichtige Rolle in ihrem Beruf spielen können, was kann da in der Gegenwart getan werden? Das soziale Gehirn ist erfahrungsabhängig. Deshalb sollten Lehrer, bevor sie sich erschöpfen oder krank

werden, Angebote bekommen (Coaching, Supersion oder Fortbildung), die sie stärken, bei denen sie neue Erfahrungen machen, die sich auf ihre Überzeugungen und Einstellungen auswirken und das Spektrum ihrer sozialen Kompetenzen erweitern.

3.4 Die Bedeutung der neurobiologischen und systemtheoretischen Analyse für die Schulpädagogik

Der systemisch-konstruktivistische Handlungsansatz wird von der Hirnforschung umfassend bestätigt (Hubrig 2011). Systemische Schulpädagogik berücksichtigt komplexitätsreduzierende Gesetzlichkeiten, welche die subjektive Informationsverarbeitung regulieren, das bedeutet in diesem Zusammenhang: die »Denk- und Verhaltensschemata« der Einzelperson sowie die »Interaktionsregeln« in kleinen sozialen Systemen (Familie, Lerngruppe) und in der Organisation Schule.

Systemische Schulpädagogik stellt trotz ihrer naturwissenschaftlichen Begründbarkeit das geisteswissenschaftliche Selbstverständnis der Pädagogik nicht infrage, im Gegenteil, sie beschreibt ihre Gelingensbedingungen nur noch umfassender.

Konstruktivistisches Denken beleuchtet die Realität nicht mit dem »Licht der Wahrheit«. Es handelt sich um ein *Möglichkeitsmodell*: um ein Modell der Möglichkeit des Menschen, im zukunftsoffenen Augenblick sich zu entscheiden und den vorübereilenden »Kairos« der griechischen Sage sozusagen »beim Schopfe zu packen«.

Grenzen der Hirnforschung
Der Bewusstseinsphilosoph Thomas Metzinger (2010) glaubt zwar, dass auch das neuronale Korrelat des *Bewusstseins*, der obersten Ebene aller Dynamiken im Gehirn, in den nächsten Jahrzehnten identifiziert werden könne. Dagegen spricht jedoch die Tatsache der *Intentionalität* des menschlichen Bewusstseins. Es ist immer auf *etwas* in der Außen- und Innenwelt gerichtet, eine Eigenschaft, die nicht schon die Neuronen haben. Mentale Phänomene existieren nur in der *Innenperspektive* von Individuen. Die *Qualia*, das heißt die subjektiven Erlebnisgehalte von mentalen Erfahrungen, können objektiv-naturwissenschaftlich nicht

erfasst werden (Bennett u. Hacker 2010). Der *Beobachter im Gehirn* (Singer 2002) ist die nicht überschreitbare Grenze für die Hirnforschung. Das Subjekt der Erkenntnis ist ein Apriori – eine Relation, auf die sich alles bezieht.

Wie realisiert man soziale Kompetenz?

Die empirische Forschung hat gezeigt, dass *Einstellungen* und die *soziale Kompetenz* der Lehrer zentrale Faktoren für gelingende Lehr-Lern-Prozesse sind.

Welche Informationen zur sozialen Kompetenz liefern die systemtheoretischen und neurobiologischen Analysen in dieser Einführung?

1) *Positive* und *negative Affekte* haben eine basale, die qualitative Richtung der Informationsverarbeitung entscheidende Funktion. Soziale Kompetenz zeigt sich in der Fähigkeit zur *Affektregulation*. Der Ausgang von den menschlichen Grundmotiven (Kontrolle, Bindung, Selbstwert) ermöglicht es dem Lehrer zu analysieren, ob er die Bedürfnisse von anderen und die eigenen berücksichtigt oder verletzt. Somatische Marker und Spiegelneuronen sind die neurobiologischen Voraussetzungen für Selbstwahrnehmung und Verstehen von anderen.

2) Affektregulation ermöglicht der *flexible Wechsel zwischen den drei Wahrnehmungspositionen* des teilnehmenden Beobachters, das sind: die Ich-Perspektive (Was erlebe ich?, Wie geht es mir in der Situation?), die Du-Perspektive (Wie geht es den anderen?, Wie geht es ihnen mit dem, was ich mache?) und die Beobachterperspektive (Was trage ich, was tragen die anderen zum Interaktionsmuster bei?).

3) Bedürfnisse und Motive der Personen in einer sozialen Situation stimmen selten überein. Notwendigerweise entstehen *Konflikte*. Wenn Interaktionen in affektgeladenen Ich-Positionen ausgetragen werden, kommt es zur Konflikteskalation. Um dies zu verhindern, sucht der teilnehmende Beobachter emotionale Distanz in der Metaposition. Reflektierende Übersicht und Neutralität gegenüber kontroversen Positionen ermöglichen es dem Beobachter, sich für Verhaltensweisen zu entscheiden, mit denen er dysfunktionale Interaktionsmuster

zu unterbrechen und Eskalationen zu verhindern versucht. Wenn er von »schwierigen« Schülern im Unterricht oder von Eltern attackiert wird, weist er ihr Verhalten mit durchaus aggressivem Nachdruck zurück, um sie im nächsten Schritt einzuladen, die Situation gemeinsam aus der Beobachterperspektive zu betrachten, sodass sich der Konflikt kooperativ lösen lässt.

Motivation und Lernen

Nicole Becker resümiert in ihrer Untersuchung *Die neurowissenschaftliche Herausforderung der Pädagogik* (2006), die Hirnforschung habe alten pädagogischen Wahrheiten *nichts prinzipiell Neues* hinzugefügt. Personen und nicht Gehirne sind die Akteure.

Hier jedoch stellt sich die Frage nach dem Neuen für die *pädagogische Praxis:*

Oft ideologisch in der Lehrerschaft vertretene Positionen zur »richtigen« Pädagogik erfahren durch die Ergebnisse der Kognitionswissenschaften eine Klärung in der Sache. Lehrer benötigen Fachkompetenz, Motivationsstrategien und einen funktionalen Arbeitsrahmen – über die Grundlagen ist man sich einig. Nun besteht auch mehr *Klarheit über* die bisher umstrittenen *Wege zum Ziel* »*Motivation und Lernen*«.

Bei Motivation und Lernen wirken mehrere Faktoren zusammen, sie werden in der folgenden Beschreibung isoliert betrachtet.

Die Person des Lehrers: Er motiviert seine Schüler, wenn er über ein gutes Fachwissen verfügt und seinen Stoff mit didaktisch-methodischer Kompetenz vermittelt (Tenorth 2012). Das betrifft die *semantische* Seite der Wissensvermittlung. Kognitive Klarheit reicht jedoch nicht aus, der Lehrer sollte seine Fachinhalte auch *engagiert* übermitteln, mit »Begeisterung«, sagt Gerhard Roth (2006). Damit Lehrbuchwissen in das Langzeitgedächtnis gelangt, muss das emotionale Gehirn der Schüler angesprochen werden. Wie der Lehrer zu seiner Sache steht, nehmen die Schüler an seinem Ausdrucksverhalten intuitiv wahr.

Die staatlichen Lehrpläne treffen eine (meist immer noch stoffüberladene) Auswahl, mit der sich der Lehrer zu identifizieren sucht. Verbal und mehr noch nonverbal überzeugt er die Schüler von der Wichtigkeit seiner Fachgegenstände. »Gefühlsansteckung« durch das nonverbale Ausdrucksverhalten des Lehrers wirkt auf die Schüler vorbewusst. Langfristig erschöpfte, disengagierte und resignierte Lehrer, das sind etwa 50 %, wie die Lehrebelastungsforschung zeigt (Schaarschmidt 2005), können die nonverbale Botschaft, in die ihr Fachwissen eingebettet ist, nicht ausstrahlen. Sie benötigen Unterstützung, *bevor* es zur Erschöpfung etc. kommt.

Die Person des Schülers: Wissen kann der Lehrer nicht in die Schüler eintrichtern, sie sind keine trivialen Maschinen. Doch 60 % des Unterrichts an Gymnasien erfolgen im Frontalunterricht, wie die Zusammenfassung der Qualitätsanalysen von Schulen in Nordrhein-Westfalen (Spiewack 2012) ergab (wie repräsentativ auch immer die je 20 Minuten Unterrichtsbeobachtung sein mögen), und etwa 40 % eines Schülerjahrgangs besuchen inzwischen das Gymnasium. Auch fachlich sehr engagierte Lehrer können mit Frontalunterricht über einen sechs- bis achtstündigen Unterrichtstag hinweg nicht die Lernlust der Schüler aufrechterhalten. Begreifen einer Sache heißt nicht nur intellektuell nachvollziehen, was der Lehrer dazu vorträgt, sondern sich mit ihr mit allen Sinnen auseinandersetzen. Dem folgt eine Didaktik, die »anregende Lernumgebungen« bereitstellt, in denen die Schüler sich »selbstorganisiert« denkend und handelnd mit den Unterrichtsinhalten befassen. Hierzu gibt es einen reichhaltigen Pool von handlungsorientierten Methoden (Reich 2006).

Der Lernprozess: Die positive Einstellung der Schüler zum Lernen hängt davon ab, ob sie Lerngelegenheiten bekommen, in denen sie sich nicht nur selbsttätig sind, sondern auch Lernerfolge verbuchen können. Das erfordert Differenzierung der Anforderungen für die Schüler mit ihren unterschiedlichen Begabungen und Begabungsausprägungen. »Fordern und Fördern« ist die pädagogische Devise. Die Leistungsstarken in einer Lerngruppe dürfen nicht unterfordert, die Leistungsschwachen nicht überfordert werden. Letzteren wird durch Fördererunterricht geholfen, oft durch »Förderbänder« in den Ganztagsbetrieb integriert.

»Binnendifferenzierung« bleibt eine schwierige Aufgabe. Eine besondere Herausforderung für Lehrer, die methodisch vielfältig arbeiten, besteht darin, die Ergebnisse selbsttätiger Unterrichtsphasen in einer Weise zusammenzuführen, dass die Schüler den Eindruck bekommen, das Erarbeitete dient nicht nur dazu, das Vorwissen des Lehrers zu bestätigen, das er womöglich wiederum frontal vermittelt. Sie brauchen auch die Überzeugung, dass ihre Anstrengung und ihre Ergebnisse für den Lernprozess *relevant* sind. Lernprozesse sind gemeinsame Konstruktionen von Individuen, es gibt kein Schema F.

Der Lehrer sollte in allen Lernphasen *als Person präsent* sein, als Lernberater von Einzelnen und Integrator von Erarbeitetem in der Gesamtgruppe. Junge, methodisch gut geschulte Lehrer neigen oft dazu, sich sozusagen hinter den Methoden zu »verstecken«, im Glauben, dass sie an sich schon motivierend sind.

Die Lehrer-Schüler-Beziehung: Die positive Beziehung zwischen Lehrern und Schülern ist ein weiterer wichtiger Faktor für Motivation, wie die Kognitionsforschung zeigt. Das Erlernen von semantischem Wissen und Verhaltenskompetenzen geschieht in positiven zwischenmenschlichen Beziehungen. Sie bahnen Annäherungs- oder Vermeidensverhalten. Für Dazulernen ist die Annäherung bzw. Auseinandersetzung der Schüler mit den Aufgaben, die im Unterricht gestellt werden, notwendig. Ihre Schwierigkeiten dabei wahrzunehmen und ihnen weiterzuhelfen ist für die Motivation genauso wichtig, wie ihre Fortschritte zu bestätigen.

Negative Beziehungen aktivieren je nach Leistungsstand der Schüler das Angst-Stress-System. Es kommt bei ihnen zu inneren Reaktionen (Blockaden, psychosomatischen Beschwerden, Selbst- und Fremdabwertung) und zu Verhaltensreaktionen (Vermeidensverhalten, Abschalten, aggressivem Verhalten, Provozieren, Selbstwertbestätigung durch Gewaltverhalten). Um solche Reaktionen zu verhindern, unterscheidet der Lehrer zwischen Person und Verhalten: Die Person des Schülers wird wertgeschätzt, unangemessenes Verhalten wird ohne Demütigung zurückgewiesen.

Zu *Konflikten* im Unterricht tragen Lehrer und Schüler bei. Nicht nur verhaltensschwierige Schüler stören den Unterricht, sondern auch über- oder unterforderte Schüler: die einen, weil sie anderen ihre Stärken zeigen wollen, und die anderen, weil sie sich langweilen.

Der Umgang mit »schwierigen« Schülern: Diese Kinder und Jugendlichen haben einen problematischen Lebenshintergrund. Bevor es aufgrund ihrer Verhaltensweisen zu Schulversagen oder Schulausschluss kommt, sollten Lehrer ihnen persönliche Unterstützung anbieten oder eine solche Hilfe vermitteln. Da das soziale Gehirn erfahrungsabhängig ist, können diese Schüler im guten Kontakt zu einem Lehrer oder in der Einzelberatung korrigierende Erfahrungen machen. Es sollte deshalb »interne« Berater geben: Beratungslehrer an jeder Schule und Sozialarbeiter oder Sozialpädagogen an Schulen in sozialen Brennpunkten.

4 Fortbildung von Lehrern, Schulleitern und Fachleitern

Die Konzepte der systemischen Schulpädagogik haben sich für Lehrpersonen als sehr sinnvoll und nützlich erwiesen. Entsprechende Fortbildungen ermöglichen es ihnen, Sichtweisen und Haltungen in der Organisation Schule zu entwickeln, mit denen sie Kollegen, Schülern und Eltern angemessen begegnen können. In diesem Rahmen kann jeder seine individuellen Fähigkeiten für die jeweilige Kontextgestaltung und Konfliktlösung einsetzen.

Typische Erwartungen von Lehrern an Fortbildungen
Die Erwartungen berufserfahrener Menschen an eine Fortbildung ergeben sich aus den gewohnten Denk- und Handlungsweisen in ihrem Arbeitsfeld.

Kontrollbemühen und Kontrollillusion: Lehrer müssen die Interaktion im Unterricht kontrollieren und die Lernerfolge der Schüler bewerten. Daraus ergibt sich der Wunsch, weitere Strategien kennenzulernen, mit denen sie die Schüler unmittelbar und *gezielt beeinflussen* können. Man realisiert das Kontrollmotiv und erliegt dabei der »Kontrollillusion« (Watzlawick).

Effektive Verhaltensstrategien: Der Interventionsfokus von Lehrern richtet sich meist auf die Verhaltensebene, hilfreiche Verhaltensstrategien werden dafür benötigt, Alltagskonflikte mit Schülern und Eltern lösen zu können. Doch sie allein reichen nicht aus. Auch in der empirischen Forschung wird eine Veränderung der Einstellungen für notwendig erachtet.

Kognitiver Input: In der Schule werden Fachwissen und soziale Kompetenzen vermittelt. Wissensvermittlung hat dort den Vorrang. Lehrer, die sich fachlich immer auf dem Laufenden halten müssen, erwarten auch von Weiterbildungen in erster Linie kognitiven Input und seine sofortige Umsetzbarkeit. Doch Wissen allein ermöglicht noch nicht kompetentes Handeln in der Interaktion.

Fokus auf anderen: Aus der Lehraufgabe erwächst die Tendenz, vornehmlich auf die *Schüler* zu schauen und die *eigene Per-*

son in der Wahrnehmung auszublenden. Man übergeht dabei sich selbst und erschöpft sich womöglich, wie die Lehrerbelastungsforschung zeigt. Die Beobachtung der Interaktion aus der sich selbst einschließenden *Metaperspektive* nach dem Motto »Welches Spiel spielen wir da? Welche Rolle habe ich darin?« ist meist nicht trainiert.

Tendenz zur Verantwortungsübernahme: Lehrer neigen dazu, sich für alles, was im Unterrichtsalltag passiert, verantwortlich zu fühlen. In Beratungsgesprächen zum Beispiel vergessen sie nach unserer Beobachtung häufig, realistische Ziele im Auge zu behalten und sich einen Auftrag zu holen. Kaum wird ein Problem benannt, stürzen sie sich schon auf das »Lösen«, ein schultypischer Impetus, der oft nicht nützlich ist.

Weiterbildungsdidaktik: In Unterrichtsreihen muss die Wissensvermittlung sachlogisch strukturiert werden. Im Wechsel von induktivem und deduktivem Vorgehen muss das Wissen entsprechend der jeweiligen Fachdidaktik sukzessive im Schüler aufgebaut werden. Eine ähnlich klare Struktur erwarten Lehrer von der Weiterbildungsdidaktik. Lehrbuchähnliche Handreichungen sollten ihrer Meinung nach am besten schon zu Beginn einen vollständigen Überblick über die Inhalte verschaffen und darüber, »was wann drankommt«. Der Wunsch ist verständlich, doch eine solche Festlegung ist nicht sinnvoll, da systemisches Handeln in der Selbsterfahrung der Konzepte vermittelt werden muss. Ein solcher Lernprozess verläuft in jeder Lerngruppe anders.

4.1 Systemische Didaktik

Die aufgeführten Denk- und Handlungsmuster ergeben sich aus der Berufspraxis von Lehrern. Sie sind nicht besser oder schlechter als andere, allenfalls mehr oder weniger nützlich für das Erreichen der Lehr-Lern-Ziele.

Prinzipien und Ziele

Systemische Weiterbildungen verstören linear-kausales und problemfokussiertes Denken. Jedoch ohne Anschluss an die Wirklichkeitskonstruktion von berufserfahrenen Menschen und ihre Bereitschaft wiederum, die Auswirkungen der Konzepte und

Methoden »am eigenen Leibe« zu erfahren, haben systemische Weiterbildungen keine nachhaltigen Auswirkungen. Man erreicht die Personen nur intellektuell: Auf dieser Ebene lassen sich systemische Ideen mit den eigenen pädagogischen Konzepten vergleichen, relativieren und als nützlich verbuchen oder verwerfen. Bei eintägigen Weiterbildungen (z. B. bei Pädagogischen Tagen, Vorträgen von Experten) wird der systemische Handlungsansatz oft als so unterschiedlich zum eigenen erlebt, dass er von einem großen Teil der Lehrer pauschal abgelehnt wird. Solche Veranstaltungen sind dennoch wichtig dafür, Lehrer mit dem systemischen Ansatz bekannt zu machen. Für die Entwicklung der systemischen Handlungskompetenzen sind nach unserer Erfahrung längerfristige Weiterbildungen notwendig. Denn es handelt sich um ein ganzheitliches Lernen, welches die Person des Lehrers insgesamt involviert.

Ganzheitliches, prozessorientiertes Lernen

Fortbildungsteilnehmer müssen selbst erleben, was ressourcen- und lösungsorientiertes Arbeiten bewirkt. Deshalb muss ihre Bereitschaft zu *Selbsterfahrung und Selbstanwendung* von Interventionen geweckt werden und dazu, damit *eigene* Probleme zu bearbeiten. Die Befürchtung, dabei unangenehme Erfahrungen zu machen oder sich zu blamieren, kann man ausräumen, indem man wertschätzend damit umgeht – nach dem Motto »Jedes Problem ist eine Lösung« bzw. »Es handelt sich um eine ehemals sinnvolle Lösung, die heute zum Problem geworden ist«. Das Unterrichtsklima in systemischen Weiterbildungen ist nicht geprägt durch Problemschwere, sondern durch Neugier und Lernfreude.

Zu Beginn einer Fortbildung geht es darum, für die *Kohärenz* der Gruppe in einem vertrauensvollen Klima zu sorgen. Der weitere Lernprozess verläuft jedes Mal etwas anders. Unterschiedliche Lernbedürfnisse der Teilnehmer treten zu unterschiedlichen Zeiten auf, ein Thema kann unerwartet virulent werden. Der Weiterbildende schließt sich an die Dynamik an, indem er das Thema aufgreift. Da er *prozessorientiert* arbeitet, kann weder die Abfolge der Lehr-Lern-Module immer die gleiche sein, obwohl es da natürlich sinnvolle Abfolgen gibt, noch kann der Schwerpunkt in einem Modul von vornherein feststehen. Bei unseren Fortbildungen entsprach es den Bedürfnissen der Teilnehmer, zwischen selbsterfahrungsorientierten und interventionsmethodischen Einheiten abzuwechseln.

Prinzipien ressourcen- und lösungsorientierter Kommunikation

Aus der systemisch-konstruktivistischen Theorie und aus der Hirnforschung ergeben sich Leitlinien für das pädagogische Handeln. Lehrer sind professionelle Kommunikatoren (oder sie sollten es sein). Begegnen sie anderen mit bestimmten Haltungen, drückt sich das in ihrem energetischen Zustand aus, einer basalen »Information«, die sich unmittelbar auf die Interaktionspartner auswirkt.

Der in Fortbildungen Lehrende lässt sich von folgenden systemisch-konstruktivistischen und beziehungspsychologischen Prinzipien leiten. Außer den schon ausgeführten Konzepten zu den *Grundmotiven* und den *Wahrnehmungsperspektiven* handelt es sich um diese Orientierungen:

Selbstveränderung und Veränderung von anderen: Kontrolle hat man nur über das eigene Verhalten, nicht über das Verhalten von anderen. Schüler, Eltern, Kollegen kann man nicht *gezielt* verändern, man kann jedoch bewusst sein eigenes Denken und Verhalten im Umgang mit ihnen umstellen und sie dadurch *indirekt* zu Änderungen anregen.

Subjektive Bedeutungszuschreibung: Der Konstruktivist weiß, dass das, was er über andere sagt, *seine* Aussage ist. Sie offenbart mehr über ihn selbst als über den anderen. Dies berücksichtigt er, indem er in Ich-Botschaften spricht und nicht mit Du-Botschaften dem Gegenüber seine subjektive Wahrnehmung als die »richtige« übermittelt.

Aufmerksamkeitsfokussierung auf Ressourcen und Lösungen: Der systemische Pädagoge richtet die Aufmerksamkeit der anderen auf ihre Fähigkeiten und auf realisierbare Ziele. Denn nur mit den jeweiligen Ressourcen können Unterrichtsaufgaben gelöst und erzieherische Ziele erreicht werden, nur damit können emotionale Probleme bewältigt und problematisches Verhalten geändert werden. »Attraktive« Ziele sind Lösungen, für die es lohnt, sich anzustrengen.

Die Fragehaltung des Nichtwissenden: Lehrer verfügen über Fachwissen und didaktisch-methodisches Wissen, sie können jedoch nicht wissen, was die Schüler denken, ob und wie sie Aufgaben verstehen. Schüler verarbeiten den Input der Lehrer selbstorganisiert in ihren kognitiven Strukturen. Auch auf welche Weise ein Schüler seine Verhaltensprobleme »konstruiert«, bleibt dem Lehrer zunächst verschlossen. Er kann nur Vermutungen anstellen und seine Hypothesen testen, indem er fragt. Der Schüler ist sozusagen »Experte« für seine Lern- und Verhaltensprobleme und für seine Fähigkeiten. Der Lehrer ist »Experte« im Fragen und für das Lehren des Lernens.

Kollegiale Unterstützung: Der ressourcenorientierte Lehrer nutzt die Unterstützung seiner Kollegen, sei es bei der Unterrichtsvorbereitung, sei es mithilfe ihrer »informierenden« Außenperspektiven bei der Intervision von Unterricht oder in der kollegialen Fallberatung.

Kontextorientierung: Schule ist ein gesetzlich verordnetes »Zwangssystem« und ein wichtiger Lebensraum von Kindern und Jugendlichen. Obwohl darin überwiegend fremdbestimmt, gestalten sie die Schulrealität mit und entwickeln in dieser Umwelt ihre Fähigkeiten. Die *Beziehungsqualität* sowie implizite und explizite *Kommunikationsregeln* bilden den Rahmen für Lernen und Sozialverhalten.

Feedbackorientierung: Den systemischen Pädagogen interessieren vornehmlich die *Auswirkungen* seines Denkens und Verhaltens. Die Ermittlung der *Ursachen* von Problemen in der Vergangenheit ist dem gegenüber sekundär.

Widerstände: Aus systemischer Sicht bringen Widerstände, die sich aus dem Autonomiestreben von Menschen ergeben, *wichtige Informationen*. Schüler reagieren altersgemäß auf nötigen und unnötigen Zwang mit »Kampf«, wie Provozieren und aggressivem Verhalten, oder mit geistiger oder realer »Flucht« aus dem Unterrichtsgeschehen.

Lehrer wehren sich gegen »instruktive« (vorschreibende) Interaktion in Fortbildungen. Der Leiter berücksichtigt deshalb ihre Wünsche und Erwartungen und holt sich für die Supervisionsarbeit mit Einzelnen einen Auftrag.

Lehrmodelle

Die systemisch-konstruktivistische Theorie wird mithilfe von Selbsterfahrungsübungen, zum Beispiel zur Strategie des Reframings (Phänomene in einen anderen Rahmen bringen), vermittelt.

Zu Beginn einer Weiterbildung führen wir das Modell der »logischen Ebenen« von Problemen und Lösungen ein und geben eine Übersicht über die »Phasen« von Lösungsprozessen. Mit den beiden Modellen kommt man dem Wunsch von Lehrern entgegen, gemäß einer sachlogisch schlüssigen Didaktik zu lernen. Papiere zur Wiederholung werden jeweils am Ende eines Seminars mitgegeben.

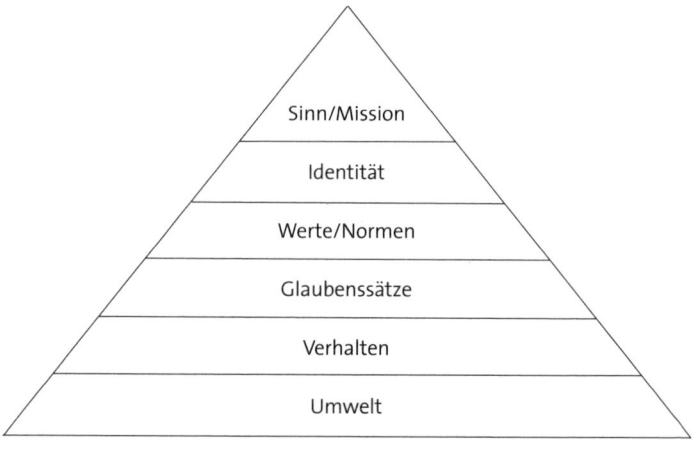

Abb. 6: Logische Ebenen des Problems und der Lösung

In dem hierarchischen Modell geschieht die Informationsverarbeitung top-down und bottom-up (Carver a. Scheier 2001), das heißt, Lebenssinngebung und Mission eines Menschen stiften seine Identität, daraus ergeben sich seine Werte und Normen, welche sich in Glaubenssätzen niederschlagen, die wiederum sein Verhalten in der sozialen Umwelt leiten. Umgekehrt verändern Umwelterfahrungen sein Verhalten, was sich auf sein Glaubenssystem auswirkt usf.

Beim Training von Interventionsmethoden kann man jeweils erläutern, in welcher Phase auf welcher Ebene der Informationsverarbeitung mit welcher Interventionsmethode zu welchem Zweck interveniert wird. Dabei gilt der Grundsatz, dass ein Problem nicht auf der Ebene, auf der es auftritt, gelöst werden kann. Methoden, welche die neuronalen, psychischen und interaktiven Sequenzen bzw. Prozesse auf der *Verhaltensebene* beeinflussen, verändern *langfristig* das Glaubenssystem. Interventionen, welche auf die *Identitätsebene* zielen, wirken sich *unmittelbar* auf das Glaubenssystem aus. Mit dem Bezug auf die beiden Modelle kommt man dem Wunsch von Lehrern entgegen, gemäß einer sachlogisch schlüssigen Didaktik zu lernen.

Immer geht es darum, zwischen *Lösungen 1. Ordnung* (Ratschlägen, Prinzip »mehr desselben«) und *Lösungen 2. Ordnung* (einer anderen Qualität von Denken und Verhalten; Watzlawick et al. 1974) zu unterscheiden.

Die Phasen lösungsorientierter Kommunikation

Der Verlauf ist im systemisch-lösungsorientierten Arbeitsfeld konsensualisiert: Beziehungsaufbau, Problemdefinition und bisherige Lösungsversuche, Zieldefinition und Zielerreichungskriterien, Auftragsklärung, Einsatz geeigneter Interventionsmethoden, Hausaufgabe und Erfolgsauswertung (vgl. S. 55 f.).

Veränderungen geschehen in jeder Phase des Lernprozesses. Schon der Entschluss, Beratung in der Schule aufzusuchen oder eine Weiterbildung zu machen, hat Auswirkungen. Denn die betreffende Person akzeptiert, dass sie an ihre Grenzen gekommen ist und Unterstützung braucht. In der Vorstellung setzt sie sich voller Hoffnung und mit einigen Befürchtungen mit den Personen in Beziehung, von denen sie neue Impulse erwartet. Weiterbildungsteilnehmer folgen oft einer unausgesprochenen Delegation ihrer Schule.

Unterrichtsformen

Es wird im Plenum, in Teilgruppen und in Kleingruppen gearbeitet. Nach der theoretischen Einführung mit Praxisbezug folgen kommentierte *Demonstrationen* und genaue Anleitungen für die *Kleingruppenarbeit*, die im Rollenwechsel zwischen Berater, Klient und Beobachter geschieht. Die Reflexion im *Plenum* vertieft die Integration in den eigenen Erfahrungshorizont. Das Gruppen-Sharing ist eine Schatztruhe, angefüllt mit Verknüpfungen zur Berufsrealität. Ein Problem lässt sich auch im *Fishbowl* bearbeiten. Die jeweilige Auswirkung unterschiedlicher, in Kleingruppen vorbereiteter Interventionen kann dabei »von außen« beobachtet und reflektiert werden. Ein bestimmter Zeitraum ist jeweils für die *Supervision aktueller Anliegen* der Teilnehmer vorgesehen.

Inhalte von Weiterbildungen
Systemtheorien und Hirnforschung werden anwendungsbezogen vermittelt, eingebettet in die Wirkprinzipien von Methoden und in entwicklungspsychologische Konzepte. Die Seminare beziehen sich mit unterschiedlichen Schwerpunkten auf alle Ebenen der Informationsverarbeitung.

Die Lehrerpersönlichkeit und ihr Glaubenssystem
Persönliche Entwicklung geschieht nach Helm Stierlin (1994) durch »bezogene Individuation«, das heißt im Alltag: persönliche *Abgrenzung* durch wohlwollende, aber klare Zurückweisung von Erwartungen, die man nicht erfüllen will oder kann.

Insbesondere in »Familien-Aufstellungen« kann man die Lösungsbedingungen für den menschlichen Grundkonflikt zwischen persönlicher *Autonomie* und der *Abhängigkeit* in Beziehungen beobachten. Seminare zur Familienrekonstruktion bringen transgenerationelle Verstrickungen in den Blick. Diese Einheiten sind wichtig für die »Klärung« der Lehrerpersönlichkeit.

Delegationen aus der Herkunftsfamilie hemmen den Einzelnen, das eigene Potenzial zu leben. Menschen sind zum Beispiel vorbelastet, wenn sie als Kinder »parentifiziert« wurden, das heißt, wenn sie als Eltern ihrer Eltern fungieren mussten, um sie zu unterstützen. Massiv überfordert, entwickeln diese Kinder frühzeitige Autonomie und das Gefühl, für alles zuständig zu sein. Mit dieser Grundeinstellung können sie als Erwachsene nicht spüren, wann sie an ihre psychischen und körperlichen Grenzen gekommen sind, und werden irgendwann krank. Solche Delegationen lassen sich bei Lehrern oft beobachten, nicht umsonst haben sie sich einen »helfenden« Beruf ausgesucht (zu weiteren Dynamiken und zur Methodik vgl. Sparrer 2001).

Lösung aus den Vermächtnissen und Delegationen der Herkunftsfamilie ist möglich, wenn der Betroffene ein inneres Bild für eine »gute Ordnung« mitnimmt. Im Aufstellungsprozess erlebt er, wie jede Person die Verantwortung übernimmt für das, was sie mit ihrem Tun zu verantworten hat, sodass die »Kinder« jeder Generation sich von unbewusst Übernommenem verabschieden können. *Lösungsorientiertes* Aufstellen bedeutet, dass jeder in seinen oft tragischen kontextuellen Bedingungen gesehen und als das erlebt wird, was er ist (Vater, Mutter, Bruder, Schwester), zu liebevoller Zuwendung in der Beziehung fähig.

Aufstellungen beeinflussen die »Architektur« des sozialen Gehirns, sein Umbau braucht Zeit. Die Wirkung von Aufstellungen zeigt sich erst nach einer Weile.

Dysfunktionale »Ordnungen« in einer Schule und Hinweise auf notwendige Korrekturen findet man bei Organisationsaufstellungen.

Glaubenssystem

Um das meist implizite Glaubenssystem in Schulen bewusst zu machen, kann man typische Glaubenssätze von Lehrern ad absurdum führen, indem man sie zum Beispiel auffordert, sich Metaphern dazu einfallen zu lassen. Bei einer solchen Übung wurde Folgendes assoziiert: »Ich bin für alles verantwortlich« (Packesel, Wasserträger), »Ich muss immer die Kontrolle haben (Spinne im Netz), »Es liegt an mir, wenn etwas nicht klappt« (Selbstgeißelung), »Ich muss jedes Problem lösen« (Schalter, an dem 1000 Leute stehen), »Als Lehrer arbeite ich mich krank« (Lehrer auf Bahre am Tropf), »Ich muss alles wissen« (wandelndes Lexikon), »Alle müssen mich mögen« (kniender Mensch mit Geschenk an Schüler), »Was ich tue, reicht nicht« (Hydra), »Ich muss ein Übermensch sein« (Ohne Fehl und Tadel). Diese humorvolle Übung prägt sich ein und relativiert derartige Überzeugungen.

In der Kindheit erworbene, tief verankerte Glaubenssätze lassen sich mit Regressionsmethoden entmachten. Im Verlauf einer selbsterfahrungsorientierten Weiterbildung verändert sich das Glaubenssystem der Teilnehmer nachhaltig.

Methodentraining
Im systemischen Bereich hat sich eine *Grammatik* lösungsfokussierten Sprechens herausgebildet (vgl. Hubrig 2010, Kap. 12). Dabei geht es um die Veränderung der *Landkarten*, die Aufmerksamkeit wird auf bisher nicht Gedachtes und Wahrgenommenes gerichtet. Das wirkt als verstörende *Information*. Der Betroffene erlebt eine *kognitive Dissonanz*, die er automatisch aufzulösen sucht. »Dissonanzreduktion« ist ein allgemein anerkanntes Grundprinzip der Informationsverarbeitung (Grawe 2004). Im systemischen Arbeitsfeld spricht man von *Perturbationen* oder *Verstörungen*, die *Suchprozesse* auslösen.

Interventionen nutzen allgemeine kognitive Fähigkeiten
Jeder nutzt sein Vorwissen, kann sich an vergangene Erlebnisse erinnern und Zukünftiges sich vorstellen. Jeder kann mit dem Verstand und mit dem Bauch entscheiden, kann seine Aufmerksamkeit nach innen oder nach außen richten, kann sich selbst wahrnehmen, sich in andere einfühlen und Situationen aus der Distanz betrachten.

Interventionsmethoden bauen auf diese Fähigkeiten. Im Rahmen systemischer Haltungen können deshalb Methoden aus unterschiedlichen interventionstheoretischen »Schulen« verwendet werden. Es handelt sich dabei um *kommunikative* Strategien, die, obwohl ursprünglich meist in therapeutischen Kontexten entwickelt, sich für *jede professionelle Kommunikation* eignen. Sie dienen dazu, dysfunktionale Muster in einer Weise zu »verstören«, dass der Betreffende *selbst neue Verhaltensoptionen* entdecken kann. Die »Perturbation« kann auf organismischer, psychischer und sozialer Ebene geschehen. Positive Erfahrungen müssen für ihre Nachhaltigkeit und den Transfer in den Alltag kognitiv (»Was wissen Sie jetzt?«) verankert werden.

Die systemische Hauptstrategie:
Aufmerksamkeitsfokussierung durch Fragen
Durch Fragen richtet man die Aufmerksamkeit auf Probleme, Ausnahmen, Ressourcen und Ziele. Probleme werden mit Fragen »dekonstruiert«, Fähigkeiten und Ziele werden damit ins Erleben geholt. Vom Problem »dissoziieren« (emotionalen Abstand

bekommen) und Ressourcen »aktivieren« ist der Zweck von Fragemethoden auf der Erlebnisebene.

Ihre Indikation kann man grob eingrenzen: Systemische, gestalt- und transaktionsanalytische Methoden richten sich auf reale und verinnerlichte *soziale* Systeme, hypnotherapeutische Interventionen und NLP-Formate zielen auf die *kognitiven Muster* der Personen.

Die Weiterbildungsteilnehmer erleben die Wirkung der Methoden an sich selbst. Diese Erfahrungen verändern nach und nach ihre Sichtweisen und Haltungen, das eigentliche Ziel der Weiterbildung. Welche Methoden sie später für Unterricht und Beratung nutzen, bleibt ihnen überlassen. Nachbefragungen haben ergeben, dass sie nach und nach ihren »Methodenpool« erweitern.

4.2 Systemisch-lösungsorientierte Weiterbildung von Schulleitern

Viele Führungskräfte in Organisationen, so auch Schulleiter, sind für eine Managementposition unzureichend ausgebildet, wobei die Frage gestellt werden muss, ob dies vor Eintritt in eine entsprechende Position überhaupt hinreichend möglich ist. Die neue Position wird eingenommen, weil sie eine Verführung bzw. Herausforderung darstellt und weil sie neue Gestaltungsmöglichkeiten eröffnet. Nach kurzer Zeit merkt man jedoch, dass Engagement und Wille allein nicht dafür hinreichend sind, ein System aus bis zu 1800 Individuen sowie die Einfluss nehmenden Anspruchsgruppen (Eltern, Politik) zu managen. Das Produkt des Dienstleistungsunternehmens Schule verlangt einen Umgang mit interaktiven Prozessen, die nur bedingt kontrollierbar und beeinflussbar sind. Der Schulleiter kann nicht jede Unterrichtssituation oder Kommunikationssituation in der Schule überwachen, er muss sich auf »seine« Lehrer in der Hoffnung verlassen, dass sie »das Richtige« tun (das ist das sogenannte Prinzipal-Agenten-Problem). Gleichzeitig muss er aber auch Systemfehler nach außen vertreten. Wenn etwas nicht funktioniert, wird es ihm häufig angelastet (»Der Fisch stinkt vom Kopf her«).

In diesem Konglomerat aus offenen und verdeckten Ansprüchen, Wünschen, Zuschreibungen und Projektionen den Überblick zu behalten ist schwer und verlangt den Positionsinhabern in manchen Schulen auch viel ab.

Die eigenen Begrenzungen zu akzeptieren, zu verstehen, dass Macht und Kontrolle häufig Illusionen sind, wenn es um die »Nichttrivialmaschinen« Schüler, Eltern und Lehrer geht, ist oft die erste schmerzhafte Erkenntnis und Ernüchterung der Schulleiterpraxis. Führungsfähigkeit zeigt sich eigentlich immer erst in der konkreten Situation und in der Bereitschaft der Führungskraft, sich laufend zu verändern und dazuzulernen. Sie gibt damit auch ein wichtiges Signal in die Institution und ist selbst ein positives Modell für permanentes Lernen.

Die vielfältige Managementliteratur der letzten Jahre bietet immer wieder neue Lösungswege für Führungsprobleme an und verleitet schnell dazu zu denken, durch neue, passende Werkzeuge und Methoden die Komplexität einer Organisation in den »Griff« bekommen zu können. Die Suche nach Handlungsanleitungen beschränkt sich vielfach auf eine Lösung 1. Ordnung (= mehr oder weniger desselben) oder eine Rezeptologie fürs »richtige Handeln«. Übersehen wird dabei, dass gerade die innere Haltung der Führungskraft, ihre Introspektions-, Lern- und Konfliktbereitschaft, einen wichtigen Faktor für angemessenes Führungsverhalten darstellt.

In den aktuellen Diskussionen zum Thema »Leadership« geht man mehr und mehr davon aus anzunehmen, dass Führungsverhalten sehr komplexe kognitive und intuitive Fähigkeiten erfordert, die geschult und ausgebildet werden müssen. Gerade in einer Institution, die in die Persönlichkeitsentwicklung von Kindern und Jugendlichen eingebunden ist, bekommen Lehrer und Schulleiter eine besondere Modellfunktion. Sie sind einerseits Projektionsfläche für andere Organisationsmitglieder (Lehrer, Eltern und Schüler), die auf sie Wünsche, Fantasien und Emotionen aus nicht bewältigten Prozessen der Herkunftsfamilie übertragen, anderseits können sie auch Modelle angemessenen Handelns sein.

Management umfasst damit mehr als ein funktionales Handeln. Die Position des Schulleiters wirkt auch als Modell für Interaktion und Konfliktlösung und ist damit ganzheitlich zu sehen. Die »Führungspersönlichkeit« des Schulleiters, bestehend aus verschiedenen Komponenten, erhält damit ein besonderes Gewicht.

Schulleitung im Modell der transformationalen Führung

Mit dem Modell der transformationalen Führung (Wunderer 2001, S. 82) können Ziele und Aufgaben eines werteorientierten Führungsverhaltens wie folgt beschrieben werden:

- Ziele klar und operational definieren bzw. vereinbaren
- Verträglichkeit von Mitarbeiter- und Arbeitszielen analysieren
- Aufgabeneignung und -motivation analysieren bzw. beachten-Erfolgserwartung der Mitarbeiter stärken
- relevante Fähigkeiten fördern
- für förderliche Arbeitssituation sorgen
- Zielerreichung belohnen.

Aus dieser Beschreibung lassen sich verschiedene Dimensionen des Führungsverhaltens ableiten (s. Abb. 8).

Werte- und zielverändernde Führung			
idealisierter Einfluss	**Inspiration**	**geistige Anregung**	**individuelle Behandlung**
Enthusiasmus vermitteln	über fesselnde Vision/ Mission motivieren	etablierte Denkmuster aufbrechen	Mitarbeiter individuell beachten
als Identifikationsperson wirken	emotional begeistern	neue Einsichten vermitteln	Mitarbeiter individuell fördern
integer handeln	Bedeutung von Zielen und Aufgaben erhöhen		Selbstvertrauen stärken
identifizieren	inspirieren	intellektuell	individuell

Abb. 7: Modell der tranformationalen Führung (nach Wunderer 2001, S. 82)

Den verschiedenen Dimensionen zufolge kann unter Führung weitaus mehr verstanden werden, als der Begriff des Managements hergibt. Führung ist wesentlich komplexer, intuitiver und emotionaler. Schulleitung könnte demnach identifizierend, inspirierend, intellektuell und individuell gestaltet werden.

Angemessenes Leitungsverhalten

Ein angemessenes Verhalten eines Schulleiters könnte folgende Komponenten aufweisen. Er:

- übernimmt die Verantwortung für die Gestaltung des Rahmens und damit der Arbeitsbedingungen
- tritt für die Organisation nach außen auf und verteidigt ihre Grenzen und Bedürfnisse
- kümmert sich um Entwicklung und Innovation und somit um den Fortbestand der Organisation (dies als strategische Führungsaufgabe)
- wertschätzt die Traditionen und Rituale
- zeigt und verdient Respekt und Anerkennung für das Engagement
- sanktioniert Regelverstöße
- bewertet Leistungen
- vertritt Grenzziehungen im Inneren
- verfolgt nicht das Motiv, von allen geliebt werden zu wollen
- moderiert Konflikte
- wahrt Neutralität und Äquidistanz zu Nachgeordneten
- entscheidet nach Kriterien der Rationalität
- delegiert operative und übernimmt strategische Verantwortung.

Ein häufig anzutreffendes Problem in den Interaktionsprozessen einer Organisation liegt in einer fehlenden Abgrenzung zwischen Leitungsebene und der Ebene der anderen Mitglieder. Hier gelten ähnliche Regeln, wie sie aus der Familiendynamik bekannt sind. Fehlt eine Abgrenzung zwischen den Instanzen (Leitung und Organisationsmitgliedern), so findet man »aufgelöste Grenzen« vor. Leiter laden dann die Mitglieder der Organisation dazu ein, sich auf der Leitungsebene zu betätigen. Dies bringt die Organisationsstruktur derart durcheinander, dass es auf Dauer zu massiven Konflikten kommt. Dieses Phänomen kann man in Organisationen immer wieder da beobachten, wo Leiter ihre Verantwortung nicht wahrnehmen wollen und Mitglieder der Organisation in Entscheidungsverantwortung einladen, die ihnen aufgrund der Stellung im System nicht zukommt. Dies sind Formen von »Missbrauch« und Überforderung, die die beteiligten Mitglieder der Organisation zunächst nicht so empfinden, weil sie sich zuallererst als wichtig und gebraucht erleben. Hier beginnt eine Dynamik, die wir aus dem Dramadreieck kennen:

- Mitglieder der Organisation sehen sich zunächst als Helfer oder gar Retter des Leiters,
- übernehmen mehr und mehr Verantwortung, die sie eigentlich von ihrer Stellung im System her nicht übernehmen dürfen,
- werden von anderen wegen dieser »Anmaßung« oder »Übergriffigkeit« angeklagt,
- empfinden sich zu Unrecht verfolgt,
- sehen sich zu Unrecht als Opfer ihrer Versuche, helfen zu wollen.

Eine große Schwierigkeit, die an die Übernahme von Leitungsverantwortung gebunden ist, liegt im Aushalten der mit der Position des Leiters verbundenen »Einsamkeit«. Der Leiter ist nicht mehr »Kollege« und verliert damit seine bisherige soziale Bezugsgruppe. Kommt er von außen in ein neues System (Schule), so gelingt die Distanzierung besser, es sei denn, der Wunsch »dazuzugehören« ist so groß und mächtig, dass die Grenzen aufgelöst werden. Steigt jemand aus dem System innerhalb des Systems in Leitungsfunktionen auf, besteht die Gefahr, in einen Loyalitätskonflikt zwischen den an die Leitungsfunktion gebundenen Aufgaben und dem Wunsch nach Nähe zu den Kollegen zu geraten. Leiter brauchen aber ebenso eine emotionale Zugehörigkeit im System – diese schaffen sie durch die Entwicklung von Subsystemen. Das adäquate Subsystem wäre dabei die erweiterte Schulleitung. Hier können nun wieder ähnliche Schwierigkeiten auftreten: Mitglieder der erweiterten Schulleitung drohen in eine »Sandwichposition« zu kommen. Sie geraten in den Loyalitätskonflikt zwischen ihrer Rolle »erweiterte Schulleitung« und der nach wie vor bestehenden emotionalen Nähe zum Kollegium. Die sich aus dieser Verstrickung ergebende Entwicklungsaufgabe muss angenommen werden, sonst droht das »Ausbrennen« in der Position. Ein gutes Modell der Rollenklarheit kann man aus dem Prinzip der bezogenen Individuation ableiten; es könnte so lauten: »Ich bin eingebunden in ein System und gleichzeitig Individuum und damit für meine eigenen Gefühle, Gedanken und Entscheidungen verantwortlich – diese vertrete ich gegenüber anderen, ob Leiter oder Kollege, in Verantwortung für mich selbst.«

Die Loyalität der Mitglieder der Schulleitung und des Schulleiters gehört in erster Linie der Mitgliedschaft in der Schulleitung. Hier ist ihr emotionales Bezugsfeld, das aufgebaut und auch gepflegt werden muss, damit Zusammenarbeit und Loyalität gelingen können. Mitglieder von Schulleitungen brauchen ihre eigenen Gelegenheiten zur Psychohygiene, um den Teamfindungsprozess vorantreiben zu können. Konflikte ergeben sich dann, wenn man die Entscheidungen der anderen nicht mehr mittragen kann oder will. Hier hat man nun die Wahl, entweder bei den anderen Mitgliedern der Schulleitung Kunden für seine eigenen Ideen zu gewinnen und damit Entscheidungen zu beeinflussen oder sich klar zu positionieren, wenn etwas nicht mehr mitgetragen werden kann.

Systemische Haltungen in der Organisation

In der Weiterbildung von Mitgliedern von Schulleitungen und an einer Leitungsfunktion in der Schule interessierten Lehrern haben sich die Ansätze der systemisch-lösungsorientierten Organisationsentwicklung als wirksam und sinnvoll erwiesen. Ein wesentliches Element jeder systemisch-lösungsorientierten Weiterbildung ist das Einnehmen einer inneren Haltung, aus der heraus Prozesse angeleitet und begleitet werden. Das Einüben der entsprechenden Führungswerkzeuge geht dabei Hand in Hand mit der Entwicklung einer lösungsorientierten Sichtweise und Haltung hinsichtlich aller Prozesse des Schulalltags, denn Moderation, Konfliktklärung, Planung und Organisation brauchen ein Verständnis für die grundlegenden Aspekte der Selbstregulation von Systemen. Systemisches Management heißt hier: anregen, ermöglichen, initiieren, einladen und begleiten.

Die innere Haltung des lösungsorientierten Schulleiters

Die Leitung einer Organisation wie Schule bedeutet, sich mit laufend wandelnden Bedingungen auseinanderzusetzen. Es wandeln sich politische Überzeugungen, finanzielle Kontextbedingungen, Strukturvorgaben für die Schule, die Bedeutung der schulischen Ausbildung in der Gesellschaft und vor allem – und dies sehr schnell – die Menschen, um die es eigentlich geht: die Schüler. Die wichtigste Konstante im Bereich Schule ist aufgrund der Beamtenstruktur das Personal. Dies ist für Leitungsverantwortliche, die ja auch eher auf Dauer in ihrer Position bleiben, eine große Chance, weil man die Potenziale und Kernkompetenzen der Lehrer im Kollegium kennt; andererseits ist es für Veränderungsprozesse unter Umständen ein Hemmnis, da mit der Länge der Zugehörigkeit zu einer Institution auch die Veränderungsbereitschaft bei den betreffenden Mitarbeitern sinkt. Schulleitung heißt daher auch, einen guten Kompromiss zwischen Bewahren der Werte und Erfolgsstrukturen und ständiger Anpassung an die Rahmenbedingungen zu finden.

Der lösungsorientierte Schulleiter orientiert sich an einem ressourcenorientierten Denken und Handeln. Er weiß, dass Lösungsressourcen für die Bewältigung von Problemen in der Organisation bereits vorhanden sind oder im Zweifelsfall neu dazugelernt werden können. Im Falle systemischer Verstrickungen – wenn sich das System in einer Sackgasse befindet, in der die Kommunikation blockiert ist – nimmt er die Metaperspektive ein und fragt nach der positiven Absicht des Konfliktes für die Organisation. Da der Schulleiter selbst Teil des Problems ist, kann es mitunter hilfreich sein, externe Moderatoren für Konfliktklärung und Systembefruchtung einzuschalten.

Der lösungsorientierte Schulleiter verstärkt zielorientiertes Denken und Handeln. Die Aufgabe des Schulleiters liegt außer in der Führung der Organisation im Tagesgeschäft – mit teilweise operativen Aufgaben – vor allem auch in der strategischen Führung. Er muss dabei die Vision und die Außenwirkung der Schule im Blick haben und Prozesse im Sinne der Vision und positiven Reputation steuern oder initiieren. Dabei sorgt er für angemessene Zielsetzungen, um die Lehrer, Eltern und Schüler für die Kooperation zu gewinnen. Angemessene Ziele sind Attraktoren, die von sich aus Motivationswirkung erzielen. Insofern ist der lösungsorientierte Schulleiter auch der Vermittler von Attraktoren, die dazu dienen, die autonomen Selbstorganisationsprozesse der anderen Organisationsmitglieder anzuregen.

Der lösungsorientierte Schulleiter weiß, dass er Prozesse anregen, aber nicht in allen Einzelheiten kontrollieren kann. Organisationen und die in ihr tätigen Mitglieder sind keine Trivialmaschinen, bei denen man genau wissen kann, welcher Input welchen Output erzeugt, sondern »chaotische Systeme«, die sich selbst organisieren. Daher weiß der lösungsorientierte Schulleiter, dass er keinerlei Kontrolle über die internalen Prozesse der andern Organisationsmitglieder hat. Er hat ausschließlich Kontrolle über seine eigenen Beiträge. Insofern nutzt er diese, um Prozesse in der Organisation anzuschieben.

Gemeinsame Problemdefinition und Lösungsstrategie
Der lösungsorientierte Schulleiter bindet das Kollegium in die Klärung und Lösung von Problemen, die sich in der Organisation ergeben, angemessen ein. Er bietet Raum für den Diskurs, ist aber verantwortlich für die Entscheidungen und hat sie nach außen zu vertreten.

Beobachterperspektive
Der lösungsorientierte Schulleiter weiß, dass er Teil des Systems ist und damit auch Teil der Lösung oder Teil des Problems. Will er etwas verändern, so beginnt er bei der eigenen Sichtweise und der eigenen Haltung bezüglich anderer Mitglieder der Organisation. Über die Veränderung der eigenen Haltung kann er verstören und andere dazu einladen, sich ebenfalls neu zu positionieren. Der lösungsorientierte Schulleiter verzichtet auf die Einnahme eine egozentrierten Position (z. B. »Ohne mich geht hier nichts«), in die er sich manchmal vonseiten der Organisationsmitglieder eingeladen sieht und/oder die er aus seiner Herkunftsfamilie übernommen hat. Leiter sind manchmal in der Familiendelegation »Helden« und »Retter« gewesen und sind hierdurch verführbar für den Einstieg in ein Dramadreieck.

Die Sinneskanäle öffnen
Der lösungsorientierte Schulleiter ist wach und aufmerksam für die Prozesse in der Organisation und die verschiedenen Beiträge der Mitglieder der Organisation sowie gegenüber den Veränderungen in der Organisationsumwelt. Er achtet darauf, dass er sich nicht in »Spiele« und »Dramadreiecke« einbinden lässt und dass seine eigenen »inneren Filme« zu Vorgängen in der Organisation

die Organisationsmitglieder nicht noch zusätzlich belasten. Er arbeitet also fortwährend an der Erweiterung seiner eigenen inneren Landkarte und kann Probleme, die er wiederholt im Umgang mit Personen und Situationen hat, für sich als Lern- und Entwicklungsaufgabe definieren.

Feedbackschleifen einbauen in Form von Metaebenen
Der lösungsorientierte Schulleiter baut sich selbst in der Organisation – und hier in der erweiterten Schulleitung – ein Stützsystem auf, das ihm dazu verhilft, die eigenen Beiträge immer wieder in Bezug auf ihre Auswirkungen zu reflektieren. Er vermeidet es, untergeordnete Kollegen in Leitungsdiskussionen einzubeziehen. Er könnte hierdurch die Grenze zwischen Leitung und Mitarbeitern verletzen. Er nutzt die Feedbackschleifen im Leitungsgremium der Schule im Sinne eines Qualitätsmanagements und eines kontinuierlichen Verbesserungsprozesses. Bei Blockaden nimmt er sich eine Auszeit, um sich »von neuen Lösungen finden zu lassen«.

Sich im Prozess koevolutiv verändern
Der lösungsorientierte Schulleiter ist auch dankbar für die Lernaufgaben, die sich in den Konflikten und Problemen der Organisation ergeben, da er weiß, dass gerade auch Krisen enormes Potenzial in sich tragen und ihn persönlich wie auch die Organisation bereichern und weiterbringen können. Er weiß, dass er fortwährend lernt, und kann dies auch offen gegenüber anderen Mitgliedern der Organisation zeigen. Hierdurch erhält er Souveränität und Gewicht in seiner Funktion und auch als Person.

Auftragsklärung und Einflussnahme
Der lösungsorientierte Schulleiter orientiert sich an seiner offiziellen Aufgabe und dem daraus abgeleiteten Auftrag. Gerade in Konfliktsituationen verzichtet er darauf, Delegationen vonseiten der Konfliktbeteiligten in der Organisation anzunehmen, um für Lösungen zu sorgen. Er ermutigt und unterstützt die anderen Beteiligten dabei, selbst Lösungen zu finden. Er kennt die Gefahr, immer wieder von anderen in Triangulierungen eingeladen zu werden, in denen er Stellung gegen andere Mitglieder der Organisation oder Außenstehende beziehen soll, wobei er seine Neutralität

zu verletzen droht. Andererseits hat er aber auch Verantwortung für die Abwehr von Einflüssen der Organisationsumwelt auf die Organisation. Hier ist er dafür verantwortlich, die Außengrenzen zu stabilisieren und die Organisationsmitglieder auch gegenüber »Übergriffen« Außenstehender zu schützen.

Neutralität
Der lösungsorientierte Schulleiter nimmt so weit wie möglich eine neutrale Position innerhalb des Beziehungsgeflechtes der Schule ein. Gleichzeitig bemüht er sich um die Einhaltung der sogenannten Äquidistanz. Er wahrt gleichen Abstand zu den einzelnen Subgruppen im Kollegium und verbündet sich daher nicht mit ihm genehmen Gruppen. In Bereich des Veränderungsmanagements kommuniziert er mit einzelnen Gruppen und lädt sie ein, zu Kunden seiner Vorschläge zu werden, gleichzeitig greift er Vorschläge aus dem Kollegium auf. Jederzeit erinnert er sich daran, dass selbst zu seinem eigenen Standpunkt konträre Standpunkte im Kollegium sehr sinnvolle Beiträge sein können, die eine positive Absicht für die Organisation verfolgen. Er weiß auch, dass Veränderung an sich kein Wert ist, wenn sie nicht einem Ziel folgt, das einen größeren Nutzen für die Organisation mit sich bringt.

Als Leiter ist er Kristallisationspunkt für die Reinszenierung verdeckter und offener Autoritätskonflikte einzelner Mitglieder des Kollegiums. Der lösungsorientierte Schulleiter kann diese Einladungen erkennen, auf eine Metaebene gehen und mit den betreffenden Kollegen – soweit sie sich darauf einlassen wollen – den Einzelfall klären. Ist die Klärung nicht möglich, grenzt er sich gegenüber solchen Einladungen ab und achtet darauf, nicht in ein Reinszenierungsspiel eingebunden zu werden.

Gleichrangigkeit und Vorrang
Der lösungsorientierte Schulleiter weiß, dass er im Diskurs über Inhalte und Weiterentwicklung der Organisation eine gleichrangige Rolle einzunehmen hat. Alle Beiträge der Kollegen werden gleich wertgeschätzt und bekommen ihren Raum im Diskurs. Werden Entscheidungen für die Organisation nötig, so muss der lösungsorientierte Schulleiter sie treffen und darf sie nicht an an-

dere (möglicherweise sogar Mitglieder des Kollegiums) delegieren. Er verletzt die Ordnung im System, wenn er seiner Verantwortung nicht gerecht wird, indem er zu wenig (Vernachlässigung der Aufgaben) oder zu viel Führung (überfürsorglich, übergriffig) zeigt. Insofern hat der Schulleiter als Verantwortlicher für die Organisation Vorrang vor den anderen Mitgliedern in der Organisation. Dann, wenn einzelne Mitglieder der Organisation Unterstützung brauchen (frei von Reinszenierungsversuchen), haben diese Bedürfnisse Vorrang, damit die Organisation arbeitsfähig bleibt.

Kooperation
Der lösungsorientierte Schulleiter weiß, dass seine Aufgabe vornehmlich auch in der Einladung aller Mitglieder der Organisation (der Lehrer, Schüler, Eltern) zur Kooperation liegt. Diese Aufgabe verlangt ein hohes Maß kommunikativen Geschicks – hierzu muss er die nötigen Zeitressourcen zur Verfügung stellen. Die Moderation dieser Kontakte gehört auch zu seiner operativen Aufgabe, viele seiner anderen Aufgaben sind vor allem strategischer Art. Aus den operativen Aufgaben der Mitglieder des Kollegiums muss er sich hingegen weitgehend heraushalten. Sein Fokus liegt hier auf der Unterstützung und Befähigung der Kollegen, ihre Aufgaben zu erfüllen.

Zur Fortbildung von Fachleitern
Fachleiter haben ein außerordentlich komplexes Aufgabenfeld. Zu ihrem Aufgabenprofil gehört (siehe Anforderungsprofil für Fachleiterinnen und Fachleiter, Bezirksregierung Düsseldorf, 15. Juni 2005):

- Unterstützung individueller Lern- und Entwicklungsprozesse der Lehramtsanwärterinnen und Lehramtsanwärter in Schule und Seminar
- Beratung und Beurteilung
- Kooperation mit ausbildungsrelevanten Institutionen
- Seminarentwicklung
- Organisation und Verwaltung
- Prüfung.

Fachleiter sollen gleichzeitig gute Modelle für die Lehramtsanwärter sein und sie bei der beruflichen Sozialisation unterstützen, bei Schwierigkeiten beraten und coachen sowie am Ende das Ergebnis dieses Prozesses prüfen und beurteilen.

Die Vielfalt dieser Aufgaben bringt einige Probleme mit sich:

- Neben dem oben beschriebenen offiziellen Auftrag gibt es auch so etwas wie eine persönliche Mission, aus der heraus die Aufgabe des Fachleiters übernommen wurde. Die Implikationen dieser persönlichen Mission (z. B. »Referendaren helfen« etc.) wirken sich in der Interaktion aus. Manchmal sind diese verdeckten Motive den Fachleitern gar nicht so bewusst, obwohl sie dennoch ihr Handeln bestimmen.
- Der Fachleiter muss sich immer wieder darüber klar werden, in welcher Rolle er sich befindet und aus welcher Position er demzufolge kommuniziert. Je nach eingenommener Rolle hat er einen unterschiedlichen Auftrag. Die Rolle muss immer wieder gewechselt werden.
- Die Zuschreibungen durch den Referendar sowie seine Erwartungen an den Fachleiter sind anders als dessen eigene Vorstellungen von seinem Auftrag. Je intensiver der Referendar in eigene unerledigte Autoritätskonflikte verstrickt ist, desto geringer ist seine Chance, Anregungen des Fachleiters als hilfreich erkennen zu können.
- Es besteht manchmal eine Rollenkonfusion beim Fachleiter zwischen dem Teil, der prüfen, und dem Teil, der coachen und beraten soll. Diese Rollenunklarheit wirkt sich auf die Interaktion aus und führt zu Missverständnissen beim Referendar. Der Fachleiter hat hier die Aufgabe, seine Rolle klar zu definieren, zu kommunizieren und sich kongruent zu ihr zu verhalten.
- Die (unbewusste) Identifikation mit dem Referendar führt in einigen Fällen zu Kollusionen (der Fachleiter leidet mit und ist nicht abgegrenzt genug).
- Dem Fachleiter werden von »nicht kooperativen« Referendaren die eigenen Grenzen drastisch aufgezeigt. Hilflosigkeit und Ohnmachtsgefühle sind die Folge. Sich dieser Gefühle bewusst zu werden, sie anzuerkennen und einzugestehen, ist der erste Schritt aus einer Handlungsblockade.

- Die Frage, ob ein Referendar für den Schuldienst geeignet ist, wird für den Fachleiter manchmal zu einer ethischen Frage (»Was soll der denn machen, wenn er jetzt kein Lehrer wird?«). Der Fachleiter fühlt sich dann mit dafür verantwortlich, ob der Lebensplan des Referendars in Erfüllung geht. Hierbei kann er schon mal dazu neigen, eigene Bedenken zu ignorieren. Manchmal ist es nützlich, davon auszugehen, dass es auch ein Leben außerhalb von Schule gibt und dem Referendar mit mehr Klarheit (»Schule ist möglicherweise der falsche Ort«) eher helfen zu wäre.

Weitere Schwierigkeiten können sich noch aus der eigenen Lehrersozialisation ergeben:

- Fokussierung auf die Defizite des Referendars mit der Folge, dass mögliche Widerstände beim Referendar evoziert werden.
- Einnahme der Rolle des »Wissenden«; natürlich weiß der Fachleiter mehr über alle Aspekte des Lehrerseins – dieses Wissen wird ihm in der Beratungssituation möglicherweise zum Verhängnis, wenn er geneigt ist, Ratschläge zu geben, anstatt den Suchprozess des Referendars zu unterstützen.

Nutzen einer systemisch-lösungsorientierten Weiterbildung von Fachleitern
Nach unseren Erfahrungen können Fachleiter die Sichtweisen des systemisch-lösungsorientierten und des hypnosystemischen Ansatzes gut für die eigene Praxis nutzen:

- Sie können ihre Aufträge genauer differenzieren und angemessener auf die Einladungen der anderen am Ausbildungsprozess Beteiligten reagieren.
- Sie können besser differenzieren, in welcher Rolle sie in der Nachbesprechung sind und was dort genau ihr Auftrag ist.
- Sie werden sensibler in Bezug auf ihre eigenen inneren Beweggründe.
- Sie entwickeln Kriterien für ein angemessenes Beratungsverhalten.

- Sie lernen, wie die Ressourcen des Referendars zur Problemlösung und für die Entwicklung der Lehrerrolle besser genutzt werden können.
- Sie differenzieren die Gesprächsanlässe nach dem eigenen Auftrag der »Rückmeldung aus der Ich-Perspektive« und den Coachingsituationen, in denen der Referendar einen Auftrag erteilt.
- Sie wissen, dass Beratung bzw. Coaching mit dem Ziel, die »Lehrerpersönlichkeit« auszubilden, einen Auftrag des Referendars voraussetzt. Es gibt keine Zwangsberatung zur Veränderung innerer Haltungen.
- Sie lernen, in der Beratung ein für die Situation angemessenes Nähe-Distanz-Verhältnis einzunehmen.
- Sie entwickeln größere Souveränität und Gelassenheit im Umgang mit »schwierigen« Beratungssituationen.
- Sie können kontextvariabler reagieren und entwickeln mehr Achtsamkeit für sich und die anderen sowie Zufriedenheit mit der übernommenen Aufgabe.

4.3 Implementation systemischer Projekte in eine Schule

Jede Organisation definiert ihre Identität und ihre Grenze zur Außenwelt durch ihr Regelsystem. Staatliche Gesetze sind »harte« Informationen für Schulen. Interventionen externer Organisationsentwickler sind »weiche« Informationen, sie werden an der Grenze des Systems abgewehrt, wenn es ihnen nicht gelingt, sich an die Ziele von Personen *im* System anzuschließen. Die Metaregeln in Schulen sind aber auch mächtiger als die Intentionen ihrer Mitglieder, denn die Organisation sichert damit, mit einem Mobile vergleichbar, ihr labiles Gleichgewicht.

Change-Management
Wenn ein Lehrer etwas Neues in seine Schule einführen möchte, gerät das Mobile ins Schwanken, sodass es zu »Gegenregulationen« im System kommt.

Da die Initiative von einem Mitglied des Kollegiums und nicht von Gesetzgeber ausgeht, muss er Chance-Management leisten. Denn die Schulleitung und die Kollegen können sein Angebot gutheißen, sie müssen das aber nicht tun.

Sach- und Beziehungsbotschaft eines Projekts
Viele Lehrer und Schulleiter sind gegenüber »psychologischem Kram« skeptisch, dabei geht es jedoch meist nicht um die *Sache an sich*, sondern darum, was eine Neuerung für das Kollegium *bedeutet*, ob sie als reizvoll, als zusätzliche Belastung, als Konkurrenz oder Entwertung der eigenen Arbeit angesehen wird.

Ein Projekt enthält eine *Sachbotschaft*, zum Beispiel »Eine neue Form von Beratung«, sowie eine *Beziehungsbotschaft*: Die Kollegen prüfen, welche Folgen das Neue für sie hat. Sie setzen sich zum Anbieter in Beziehung und fantasieren, wie sich dadurch ihre Position im System verändern könnte. Folgende Faktoren spielen dabei eine Rolle (Sparrer 2000; Weber 2000):

a) *Befürchtungen*: Wird meine pädagogische Arbeit dadurch entwertet? Stellt sich der andere über mich?
b) *Konkurrenz*: Wird der Kollege dadurch seine Position im System verbessern? Bekommt er dadurch mehr Ansehen? (Die Neuerung könnte zu einer »Rangerhöhung durch Kompetenz« führen. Das »Vorrecht der Früheren«, derjenigen, die schon länger in der Schule arbeiten, könnte außer Kraft gesetzt werden.)
c) *Macht*: Bekommt der Kollege dadurch größere Nähe zum Schulleiter? (Es könnte zu einer »Rangerhöhung durch Macht« kommen.)

Auf welche Weise kann man etwas Neues einführen, sodass es die Kollegen akzeptieren, vielleicht sogar einen Gewinn für sich selbst und ihre Schule darin sehen können?

Nutzenargumentation
Der Schulleiter sollte informiert werden, bevor man seine Pläne ins Kollegium trägt. Er lässt sich nicht gerne von seinen »Untergebenen« sagen, wie »sein Laden« besser laufen könnte. Im Gespräch mit ihm schließt man sich wertschätzend an seine Ziele für die Organisation an.

Im Kollegium lässt man beiläufig »etwas fallen« und unterhält sich mit dem, der es »aufhebt«, darüber. Die Kollegen sollten wissen, was man vorhat, und verstehen, welchen Nutzen sie davon haben. Man kann sie nur gewinnen, wenn man ihr pädagogisches Denk- und Wertesystem, auch wenn es sich vom eigenen unterscheidet, kongruent wertschätzt. Das Gleiche gilt für die Kommunikation mit den Eltern- und Schülervertretern. Natürlich kann man einen Teil der Personen nicht überzeugen. Es genügt jedoch, eine Mehrheit zu gewinnen, denn die Abstimmungen in den Schulgremien sind Mehrheitsentscheidungen.

In unseren Fortbildungen bereiten wir die Implementation von Projekten vor: Die Teilnehmer überlegen, welche Einstellungen zu ihrem Angebot es in ihrem Kollegium (»Fraktionen«) sowie bei Eltern und Schülern gibt, und entwickeln Argumente für eine Win-win-Situation.

Zur Evaluation systemischer Fortbildungen
Nach unserer mehr als 20-jährigen Erfahrung mit systemischen, ressourcen- und lösungsorientierten Weiterbildungen von Lehrern, Schulleitern und Fachleitern wirken sich die genannten Ansätze nicht nur positiv auf den Unterricht, die Beratung, die Lehrerausbildung und die Kommunikation in einer Schule insgesamt aus, auch die Stimmung und das Befinden der Lehrpersonen im Schulalltag verbessern sich nachhaltig, sogar ihre persönliche Beziehungen können sich qualitativ verändern. Als wichtigstes Seminar bezeichnen die Teilnehmer die Familien-Aufstellung. Am stärksten habe der Ressourcen- und Lösungsfokus sowie das Fragen – statt »alles wissen zu müssen« – ihre Arbeit verändert und erleichtert.

5 Ausblick auf die Schulpolitik

Die Mängel im deutschen Schulsystem sind, um Kersten Reich (2011) noch einmal zu zitieren: »Zu viel Stoff, zu wenig gute Beziehungen, zu viel Selektion«. Die Schulministerien der Bundesländer haben strukturelle Reformen eingeleitet: Frühförderung, Ganztagsschulen, Inklusion, längeres gemeinsames Lernen statt frühes Tracking. Doch diese Maßnahmen verändern noch nicht die *Einstellungen* der Personen und die *Beziehungen* zwischen ihnen, sie erweitern noch nicht die *soziale Kompetenz* der Lehrer.

Etwa 50 % der Lehrer scheiden vorzeitig aus dem Berufsleben aus (Schmitz u. Voreck 2011). Erlernen dessen, was im Schulsystem zu lernen ist, erfordert die Motivation von Schülern und Lehrern, die sich aus positiven Erfahrungen beim Lehren und Lernen speist.

Lernblockaden Einzelner und Entwicklungshemmnisse der Organisation Schule entstehen durch Feedbackmechanismen. Wenn sich negative Einstellungen, Beziehungen und Interaktionsregeln stabilisieren, kann es bei der individuellen Informationsverarbeitung zu einem verhängnisvollen Mechanismus kommen: Nicht die *Person* des Lehrers mit ihren positiven Werten, Einstellungen und Fähigkeiten bestimmt ihr Verhalten in pädagogischen Kontexten, sondern die *negative Beziehungsumwelt*, die ihre Verhaltensoptionen massiv einschränkt. Es festigt sich der Defizitfokus, Konflikte eskalieren, die Ressourcen der Systemmitglieder geraten aus dem Blickfeld. Das wirkt sich langfristig auf das Glaubenssystem, die berufliche Identität und die Gesundheit von Lehrpersonen aus.

Viele Lehrerinnen und Lehrer sind sozusagen in einem Circle of Violence gefangen: Formen von »Gewalt« gegen sich selbst, die mit Formen von »Gewalt« gegenüber lernunwilligen, aggressiven Schülern korrespondiert. Demotivation, Resignation und Krankheit sind die Folgen. Lehrerinnen und Lehrer brauchen Unterstützung für den Ausstieg aus solch verhängnisvollen Kreisläufen, denn sie sind die wichtigste »Ressource« im Schulsystem. Ihre psychosoziale Kompetenz erwerben sie zurzeit noch durch Versuch und Irrtum im Schulalltag (Schmitz u. Voreck 2011).

Für die Schulpolitik stellt sich hier eine sehr wichtige Aufgabe, die Nachhaltigkeit verspricht, denn damit werden Probleme an der Wurzel angepackt und nicht nur Symptome (Frühpensionierung, Nachqualifizierung von Schulversagern etc.) kuriert: Wir schlagen die Bereitstellung und Finanzierung von Fortbildungen in systemischer Schulpädagogik für Schulleiter, Fachleiter und Lehrer durch ausgewiesene Experten vor.

Literatur

Anforderungsprofil für Fachleiterinnen und Fachleiter. Bezirksregierung Düsseldorf, 15. Juni 2005.

Antonovski, A. u. A. Franke (1997): Salutogenese. Zur Entmystifizierung der Gesundheit. Tübingen (DGVT).

Arnold, R. (2007): Aberglaube Disziplin. Antworten der Pädagogik auf das »Lob der Disziplin«. Heidelberg (Carl-Auer).

Bandura (1997): Self-efficacy: The exercice of control. New York (Freemann).

Bateson, G. (1981): Ökologie des Geistes. Frankfurt a. M. (Suhrkamp).

Bateson, G. (1984): Geist und Natur. Frankfurt a. M. (Suhrkamp).

Bauer, J. (2004): Das Gedächtnis des Körpers. Wie Beziehungen und Lebensstile unsere Gene steuern. München (Piper).

Bauer, J. (2005): Warum ich fühle, was du fühlst. Intuitive Kommunikation und das Geheimnis der Spiegelneurone. Hamburg (Hoffmann und Campe).

Bauer, J. (2011): Schmerzgrenze. Vom Ursprung alltäglicher und globaler Gewalt. München (Blessing).

Bauer, J., T. Unterbrink u. L. Zimmermann (2008): Gesundheitsprophylaxe für Lehrkräfte – Manual für Lehrer-Coachinggruppen nach dem Freiburger Modell. Verfügbar unter: www.pr.uni-freiburg.de/pm/2008/Lehrer_Bauer_Manual [4.5.2012].

Becker, N. (2006): Die neurowissenschaftliche Herausforderung der Pädagogik. Bad Heilbrunn (Klinkhardt).

Bennett, M. u. P. Hacker (2010): Die philosophischen Grundlagen der Neurowissenschaft. In: M. Bennett, D. Dennett, P. Hacker u. J. Searle (Hrsg.): Neurowissenschaft und Philosophie. Gehirn, Geist und Sprache. Berlin (Suhrkamp), S. 15–72.

Bertelsmann-Stiftung (2012): Chancengerechtigkeit: Nachholbedarf in allen Bundesländern. (Pressemeldung vom 11.3.2012.) Verfügbar unter: www.bertelsmann-stiftung.de/cps/rde/xchg/bst/hs.xsl/nachrichten_111777.htm [29.5.12].

Bertelsmann-Stiftung u. Institut für Schulentwicklungsforschung (ISF) der Technischen Universität Dortmund (Hrsg.) (2012): Chancenspiegel. Zur Chancengerechtigkeit und Leistungsfähigkeit deutscher

Schulsysteme. Verfügbar unter: http://www.bertelsmann-stiftung.de/cps/rde/xchg/bst/hs.xsl/publikationen_111638.htm [29.5.12].

Busse, D. (2009): Semantik. Paderborn (Fink).

Carver, C. S. a. M. F. Scheier (2001): On the self-regulation of behavior. Cambridge (University Press).

Cozolino, L. (2007): Die Neurobiologie menschlicher Beziehungen. Kirchzarten bei Freiburg (VAK).

Damasio, A. R. (1997): Descartes' Irrtum. Fühlen, Denken und das menschliche Gehirn. München (DTV).

Das Manifest (2004): Elf führende Hirnforscher über Gegenwart und Zukunft der Hirnforschung. *Gehirn & Geist* 6.

Deci, E. L. u. R. M. Ryan (1993): Die Selbstbestimmungstheorie der Motivation und ihre Bedeutung für die Pädagogik. *Zeitschrift für Pädagogik* 39: 223–228.

de Shazer (1989): Der Dreh. Überraschende Wendungen und Lösungen in der Kurzzeittherapie. Heidelberg (Carl-Auer), 11. Aufl. 2010.

Engeser, S. u. R. Vollmeyer (2005): Tätigkeitsanreize und Flow-Erleben. In: R. Vollmeyer u. J. Brunstein (Hrsg.): Motivationspsychologie und ihre Anwendung. Stuttgart (Kohlhammer).

Erickson, M. H. u. E. L. Rossi (1981): Hypnotherapie. Aufbau – Beispiele – Forschungen. München (Pfeiffer).

Epstein, S. (1994): Integration of the cognitive and the dynamic unconscious. *American Psychologist* 49: 709–724.

Foerster, H. von (1988): Abbau und Aufbau. In: F. B. Simon (Hrsg.) (1997): Lebende Systeme. Wirklichkeitskonstruktionen in der systemischen Therapie. Frankfurt a. M. (Suhrkamp), S. 32–51.

FOCUS (ONLINE) (2008): Wenn Eltern Lehrer angreifen. Verfügbar unter: www.fokus.de/schule/Lehrerinnen/schulzimmer/schulpraxis/schule_aid_265492.html bzw. www.focus.de/schule/lehrerzimmer/schulpraxis/schule_aid_265492.html [29.5.2012].

French, J. W. L. u. C. H. Bell (1977): Organisationsentwicklung. Sozialwissenschaftliche Strategien zur Organisationsveränderung. Bern (Haupt), 4. Auf. 1994.

Glasersfeld, E. von (1985): Konstruktion der Wirklichkeit und des Begriffs der Objektivität: In: H. Gumin u. A. Mohler (Hrsg.): Einführung in den Konstruktivismus. München (Oldenburg), S. 1–26.

Grawe K. (2004): Neuropsychotherapie. Göttingen (Hogrefe).

Haken, H. u. G. Schiepek (2006): Synergetik in der Psychologie. Selbstorganisation verstehen und gestalten. Göttingen (Hogrefe).

Hallerbach, B. (2011): Der Traum von der Abschaffung des Konstrukts „der faule Schüler". Einladung zu neuen Sichtweisen auf das Phänomen „mangelnde Anstrengungsbereitschaft". (Unveröffentl. Mskr.).

Hansch, D. (1997): Psychosynergetik. Die fraktale Evolution des Psychischen. Grundlagen einer allgemeinen Psychotherapie. Opladen (Westdeutscher Verlag).

Helmke, A. (2009): Unterrichtsqualität und Lehrerprofessionalität. Diagnose, Evaluation und Verbesserung des Unterrichts. Seelze-Velber (Kallmeyer).

Herrmann, P. (2010): Blockaden lösen. Systemische Interventionen in der Schule. Göttingen (Vandenhoeck & Ruprecht).

Hobmair, H. (Hrsg.) (2008): Pädagogik. Troisdorf (Bildungsverlag EINS).

Hubrig, C. (2010): Gehirn, Motivation, Beziehung. Ressourcen in der Schule. Systemisches Handeln in Unterricht und Beratung. Heidelberg (Carl-Auer).

Hubrig, C. (2011): Systemisches Handeln und Hirnforschung. *Zeitschrift für systemische Therapie und Beratung* 29 (3): 129–134.

Hubrig, C. u. P. Herrmann (2005): Lösungen in der Schule. Systemisches Denken in Unterricht, Beratung und Schulentwicklung. Heidelberg (Carl- Auer), 3. Aufl 2010.

Hurrelmann, K. (2011): Herausforderungen für die Familien- und Bildungspolitik. In: Zwischen Ehrgeiz und Überforderung. Bildungsambitionen und Erziehungsziele von Eltern in Deutschland. Eine Studie des Instituts für Demoskopie Allensbach im Auftrag der Vodafone Stiftung Deutschland. Verfügbar unter: http://www.vodafone-stiftung.de/publikationmodul/detail/30.html [13.6.2012], S. 28–33.

Hüther, G. u. H. Bonney (2002): Neues vom Zappelphilipp. ADS: Verstehen, Vorbeugen und Behandeln. Düsseldorf (Patmos).

Johnson, M. (1987): The body in the mind: The body basis of meaning, imagination and reason. Chicago (University Press).

Kriz, J. (1992): Chaos und Struktur. Systemtheorie. Bd. 1. München (Quintessenz).

Kriz, J. (1999): Systemtheorie für Psychotherapeuten, Psychologen und Mediziner. Eine Einführung. Wien (Facultas).

Krumm, V. (2003): Wie Lehrer ihre Schüler disziplinieren. Ein Beitrag zur »Schwarzen Pädagogik«. Verfügbar unter: www.sbg.ac.at/erz/salzburger_beitraege/herbst2003/krumm_02_03_sbg.pdf [4.5.2012].

Krumm, V. u. S. Weiß (2000): Was Lehrer Schülern antun. Ein Tabu in der Forschung über »Gewalt in der Schule«. *Pädagogisches Handeln* 4 (3): 121–130.

Krumm, V. u. S. Weiß (2001): »Du wirst das Abitur nie bestehen.«Befunde aus einer Untersuchung über verletzendes Lehrerverhalten. Verfügbar unter: www.sbg.ac.at/erz/salzburger_beitraege/herbst2001/vk_sw_2001_2.pdf [29.5.2012].

Kuhl, J. (2001): Motivation und Persönlichkeit. Interaktion psychischer Systeme. Göttingen (Hogrefe).

Kuhl, J. (2005): Eine neue Persönlichkeitstheorie (PSI-Light). Verfügbar unter: http://www.psi-schweiz.ch/pdf/PSI-light_Kuhl2005.pdf [13.6.2012].

Lakoff, G. u. M. Johnson (1998): Leben in Metaphern. Konstruktion und Gebrauch von Sprachbildern. Heidelberg (Carl-Auer), 7. Aufl. 2011.

Lakoff, G. u. E. Wehling (2008): Auf leisen Sohlen ins Gehirn. Politische Sprache und ihre heimliche Macht. Heidelberg (Carl-Auer), 2., aktual. Aufl. 2009.

Landmann, M. (2008): Entspannt durch den Schulalltag. Selbst- und Stressmanagement für Lehrerinnen und Lehrer. Göttingen (Vandenhoeck & Ruprecht).

LeDoux, J. (2006): Das Netz der Persönlichkeit. Wie unser Selbst entsteht. München (DTV).

Ludewig, H. (1972): Systemische Therapie. Grundlagen klinischer Theorie und Praxis. Stuttgart (Klett-Cotta).

Luhmann, N. (1988): Was ist Kommunikation? In: F. B. Simon (Hrsg.) (1997): Lebende Systeme. Wirklichkeitskonstruktionen in der systemischen Therapie. Frankfurt a. M. (Suhrkamp), S. 19–31.

Maturana, H. R. (1982): Erkennen: Die Organisation und Verkörperung von Wirklichkeit. Ausgewählte Arbeiten zur biologischen Epistemologie. Braunschweig (Viehweg).

Markowitsch, H. J. u. H. Welzer (2005): Das autobiographische Gedächtnis. Hirnorganische Grundlagen und biosoziale Entwicklung. Stuttgart (Klett-Cotta).

Metzinger, T. (2010): Der EGO-Tunnel. Eine neue Philosophie des Selbst: Von der Hirnforschung zur Bewusstseinsethik. Berlin (BTV).

Piaget, J. (1976): Die Äquilibration der kognitiven Strukturen. Stuttgart (Klett-Cotta).

Reich, K. (2006): Systemisch-konstruktivistische Pädagogik. Einführung in die Grundlagen einer interaktionistisch-konstruktivistischen Pädagogik. Weinheim/Basel (Beltz), 3., überarb. Aufl.

Reich, K. (Hrsg.) (2009): Lehrerbildung konstruktivistisch gestalten. Wege in der Praxis für Referendare und Berufseinsteiger. Weinheim/Basel (Beltz).

Reich, K. (2011): Schule neu erfinden 2.0. Unveröffentlichter Vortrag auf der Tagung „Innehalten und Fortschreiten. Systemisch-konstruktivistische (Schul-)Pädagogik" der Universität Koblenz, 11.–12. März 2011.

Robertz, F. J. u. R. Wickenhäuser (Hrsg.) (2007): Der Riss in der Tafel. Amoklauf und schwere Gewalt in der Schule. Heidelberg (Springer).

Rizzolatti, G. u. C. Sinigaglia (2008): Empathie und Spiegelneurone. Die biologische Basis des Mitgefühls. Frankfurt a. M. (Suhrkamp).

Roth, G. (1997): Das Gehirn und seine Wirklichkeit. Kognitive Neurobiologie und ihre philosophischen Konsequenzen. Frankfurt a. M. (Suhrkamp).

Roth, G. (2003): Fühlen, Denken, Handeln. Wie das Gehirn unser Verhalten steuert. Frankfurt a. M. (Suhrkamp).

Roth, G. (2004): Warum sind Lehren und Lernen so schwierig? *Zeitschrift für Pädagogik* 50: 496–506.

Roth, G. (2006): Wie bringt man das Gehirn der Schüler zum Lernen? Verfügbar unter: www.hausderwissenschaft.de/Binaries/Binary1070/Roth.pdf [4.5.2012].

Rothland, M. (Hrsg.) (2007): Belastung und Beanspruchung im Lehrerberuf. Modelle, Befunde, Interventionen. Wiesbaden (VS).

Schaarschmidt, U. (Hrsg.) (2005): Halbtagsjobber? Psychische Gesundheit von Lehrerinnen und Lehrern. Analyse eines veränderungsbedürftigen Zustands. Weinheim (Beltz).

Schacter, D. L. (1999): Wir sind Erinnerung. Gedächtnis und Persönlichkeit. Reinbek bei Hamburg (Rowohlt).

Schmidt, G. (2005): Einführung in die hypnosystemische Therapie und Beratung. Heidelberg (Carl-Auer), 4. Aufl. 2011

Schmidt, S. J. (1987): Der radikale Konstruktivismus: Ein neues Paradigma im interdisziplinären Diskurs. In: S. J. Schmidt (Hrsg.): Der Diskurs des Radikalen Konstruktivismus. Frankfurt a. M. (Suhrkamp), S. 11–88.

Schmitz, E. u. P. Voreck (2011): Einsatz und Rückzug an Schulen. Engagement und Disengagement bei Lehrern, Schulleitern und Schülern. Wiesbaden (VS).

Schmitz, E., P. Voreck, K. Hermann u. E. Rutzinger (2006): Positives und negatives Lehrerverhalten aus Schülersicht. (Berichte aus dem Lehrstuhl für Psychologie der TU München, Bericht 82.) Verfügbar unter: http://www.emgs.de/downloads/bericht82.pdf [13.6.2012].

Schneider, W. (2012): Gedanken zu dysfunktionaler Kommunikation in der Schule. (Unveröffentl. Mskr.)

Schumacher, R. (2006): Die prinzipielle Unterbestimmtheit der Hirnforschung im Hinblick auf die Gestaltung schulischen Lernen. In: D. Sturma (Hrsg.): Philosophie und Neurowissenschaften. Frankfurt a. M. (Suhrkamp), S. 167–186.

Siefer, W. (2010): Die Zellen des Anstoßes. *DIE ZEIT* 51 (17.12.2010). Verfügbar unter: http://www.zeit.de/2010/51/N-Spiegelneuronen [13.6.2012].

Simon, F. B. (1991): Meine Psychose, mein Fahrrad und ich. Zur Selbstorganisation der Verrücktheit. Heidelberg (Carl-Auer), 13. Aufl. 2012.

Simon, F. B. (2006): Einführung in Systemtheorie und Konstruktivismus. Heidelberg (Carl-Auer), 5. Aufl. 2011

Simon, F. (2007): Einführung in die systemische Organisationstheorie. Heidelberg (Carl-Auer), 3. Aufl. 2011

Simon, F. B. u. C. Rech-Simon (1998): Zirkuläres Fragen. Systemische Therapie in Fallbeispielen: Ein Lernbuch. Heidelberg (Carl-Auer), 8. Aufl. 2009.

Singer, W. (2002): Der Beobachter im Gehirn. Essays zur Hirnforschung. Frankfurt a. M. (Suhrkamp).

Sparrer, I. (2000): Vom Familien-Stellen zur Organisationsaufstellung. In: G. Weber (Hrsg.): Praxis der Organisationsaufstellungen. Grundlagen, Prinzipien, Anwendungsbereiche. Heidelberg (Carl-Auer), S. 91–126.

Sparrer, I. (2001): Wunder, Lösung und System. Lösungsfokussierte Systemische Strukturaufstellungen für Therapie und Organisationsberatung. Heidelberg (Carl-Auer), 5., überarb. Aufl. 2009.

Spiewack, M. (2012): Eine Schule lernt dazu. Türkisch als Leistungskurs, Förderkurse zum Deutschlernen und Ganztagsbetrieb – sieht so das Gymnasium der Zukunft aus? *DIE ZEIT* 8 (16.2.2012): 81 f.

Stierlin, H. (1994): Ich und die anderen. Psychotherapie in einer sich wandelnden Gesellschaft. Stuttgart (Klett-Cotta).

Strauch, B. (2004): Warum sie so seltsam sind. Gehirnentwicklung bei Teenagern. Berlin (BTV).

Tenorth, H.-E. (2012): „Wir haben klügere Schüler". Ein Gespräch mit dem Berliner Bildungshistoriker Heinz-Elmar Tenorth über das Erfolgsgeheimnis des Gymnasiums. *DIE ZEIT* 8 (16.2.2012). Verfügbar unter: http://www.zeit.de/2012/08/C-Interview-Tenorth [13.6.2012].

Tomm, K. (1994): Die Fragen des Beobachters. Schritte zu einer Kybernetik zweiter Ordnung in der systemischen Therapie. Heidelberg (Carl-Auer), 5. Aufl. 2009.

Unterbrink T., L. Zimmermann, R. Pfeifer, M. Wirsching, E. Brähler a. J. Bauer (2008): Parameters influencing health variables in a sample of 949 german teachers. *International Archives of Occupational and Environmental Health* 82: 1127–1203.

Vodafone-Stiftung Deutschland (Hrsg.) (2011): Zwischen Ehrgeiz und Überforderung. Bildungsambitionen und Erziehungsziele von Eltern in Deutschland. Eine Studie des Instituts für Demoskopie Allensbach im Auftrag der Vodafone Stiftung Deutschland. Verfügbar unter: http://www.vodafone-stiftung.de/publikationmodul/detail/30.html [13.6.2012].

Voß, R. (Hrsg.) (2005): LernLust und EigenSinn. Systemisch-konstruktivistische Lernwelten. Heidelberg (Carl-Auer), 2. Aufl. 2006.

Watzlawick. P. (1992): Münchhausens Zopf oder Psychotherapie und „Wirklichkeit". München (Piper).

Watzlawick, P., J. Weakland u. R. Fisch (1974): Lösungen. Stuttgart (Huber).

Weber, G. (2000): Organisationsaufstellungen: Basics und Besonderes. In: G. Weber (Hrsg.): Praxis der Organisationsaufstellungen. Grundlagen, Prinzipien, Anwendungsbereiche. Heidelberg (Carl-Auer), S. 34–90.

World Vision Deutschland (Hrsg.) (2010): Kinder in Deutschland 2010. 2. World Vision Kinderstudie. Frankfurt a. M. (Fischer).

Wunderer, R. (2001): Führung und Zusammenarbeit. Köln (Luchterhand), 4. Aufl.

Über die Autoren

Christa Hubrig, Dr. phil., Dipl.-Psych., ist promovierte Psychologin mit Zusatzausbildungen in Gesprächspsychotherapie, Hypnotherapie, systemischer Therapie, Supervision und als NLP-Master. Bis 2006 war sie als Lehrerin (Deutsch, Geschichte, Sozialwissenschaften) und als Beratungslehrerin am Gymnasium tätig. Sie arbeitet in eigener Praxis als Therapeutin, Coach und Supervisorin. Zusammen mit Peter Herrmann leitet sie das 1994 gegründete *ISIS – Institut für Systemische Lösungen in der Schule* (www.isis-institut-koeln.de).

Peter Herrmann, Dr. phil., Dipl.-Päd., ist promovierter Psychologe mit Zusatzausbildungen als Gestalttrainer, in Gesprächspsychotherapie, systemischer Therapie, Hypnotherapie und als NLP-Trainer. Geschäftsführer eines Consulting-Unternehmens mit dem Schwerpunkt der Implementierung systemischer Kommunikationsstrategien und systemischer Modelle der Organisationsentwicklung in Unternehmen; geschäftsführender Gesellschafter eines Trägers, der systemisch-lösungsorientierte Konzepte in Kliniken, Ambulanzen und Gesundheitszentren umsetzt. Gemeinsam mit Christa Hubrig leitet er das *ISIS – Institut für Systemische Lösungen in der Schule* (www.isis-institut-koeln.de).